Goldmann
Ratgeber

Ein Standardwerk für alle Strickfans und die, die es werden wollen.

Seit Generationen bewährt, berücksichtigt es auch die neuesten Modetrends. Unübertroffen sind die Einfachheit und Klarheit seiner Anleitungen, die anschaulichen Abbildungen, die brauchbaren Tips und vor allem die unendliche Vielfalt der Strickmuster, die gezeigt werden.

Dem Anfänger vermittelt es geschickt und schnell die Grundmaschen. Für den Geübten ist es ein Nachschlagewerk, in dem er immer neue Muster zum Ausprobieren und viele Anregungen findet.

Schachenmayr

Das neue Strickbuch

Mit zahlreichen Abbildungen

WILHELM GOLDMANN VERLAG MÜNCHEN

7077 · Printed in Germany · II · 11120

Genehmigte Taschenbuchausgabe. Die Originalausgabe ist im Otto Maier Verlag,
Ravensburg, unter dem Titel ›Schachenmayr: Das neue Strick- und Häkelbuch‹ erschie-
nen. © 1968 by Otto Maier Verlag, Ravensburg. Umschlagentwurf: Ilsegard Reiner.
Umschlagfoto: Gundlach, Gruner + Jahr Fotoservice, Hamburg. Satz: R. Schaber,
Wels/Österreich. Druck: Presse-Druck Augsburg. Verlagsnummer 10568 · Ag/ho
ISBN 3-442-10568-4

Inhalt

Einführung und Grundmaschen

Die Fadenführung beim Stricken

Zu Beginn jeder Strickarbeit muß der Arbeitsfaden richtig um die Finger der linken Hand gelegt werden. Dabei die linke Hand so halten, daß die innere Handfläche auf den Boden schaut. Den fortlaufenden Faden zwischen dem kleinen Finger und dem Ringfinger durchführen, über 3 Finger legen und noch 1mal um den Zeigefinger schlagen.

1
Einfacher Kreuzanschlag

Dieser Anschlag ist schön und dauerhaft und wird bei all den Arbeiten angewendet, die einen festen Rand haben sollen, z. B. bei Strümpfen und Socken.

Für etwa 10 Maschen Anschlag benötigt man 1 Nadellänge Wollfaden. Den Faden wie zum Stricken aufwickeln (nach außen zwischen Klein- und Ringfinger durchziehen, über 3 Finger legen und um den Zeigefinger schlagen). Das Fadenende von rechts nach links vor dem Daumen herumlegen, oben herüberführen, zwischen den Fingern durchziehen und festklemmen. Die Nadel mit der rechten Hand fassen, von unten nach oben in die Schlinge beim Daumen einstechen, den Faden, der vom Zeigefinger kommt, umschlagen (der Arbeitsfaden liegt beim Umschlagen stets vor der Nadel) und durch die Schlinge ziehen; dann den Daumen aus der Schlinge nehmen und die Schlinge festziehen.

Bei der 2. Masche und allen folgenden Maschen den Daumen über den Faden, der vom Ring- und Mittelfinger kommt, legen, um den Daumen eine Schlinge bilden, von unten nach oben in die Schlinge einstechen, umschlagen, durchziehen, den Daumen aus der Schlinge nehmen und die Schlinge festziehen.

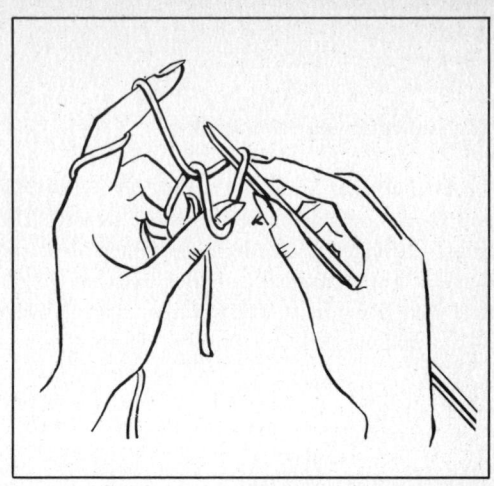

1
Einfacher
Kreuzanschlag

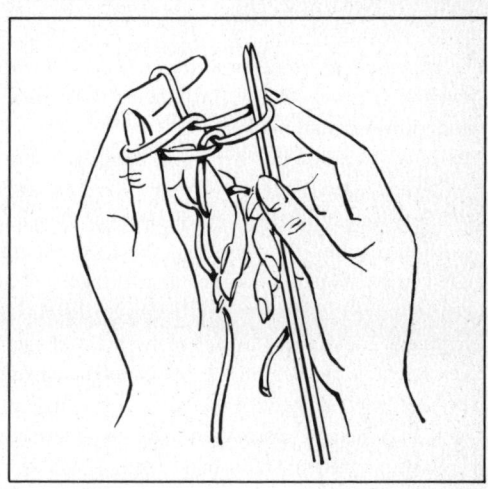

Beim Maschenanschlag ist besonders zu beachten, daß der Anschlag lose gearbeitet wird. Um dies leichter zu erreichen, ist es ratsam, 2 Nadeln von gleicher Stärke zu verwenden (siehe Abbildung).
Soll der Anschlag noch kräftiger und dauerhafter werden, so kann er mit doppeltem Wollfaden gearbeitet werden.

2
Anschlag aus einer Masche

Das Fadenende mit der rechten Hand fassen und den Faden wie zum Stricken aufwickeln. Nun um den Daumen von rechts nach links eine Schlinge legen, dabei das Fadenende mit dem Ring- und Mittelfinger festhalten. Jetzt die Nadel mit der rechten Hand fassen, von unten nach oben in die Schlinge beim Daumen einstechen, den Faden, der vom Zeigefinger kommt, umschlagen, durch die Schlinge ziehen, Schlinge festziehen. Die Nadel mit der Masche in die linke Hand nehmen. Die 2. Nadel in die rechte Hand nehmen, von vorn nach hinten in die Masche auf der linken Nadel einstechen, Faden um die rechte Nadel schlagen und durch die Masche ziehen; diese nicht abheben. Mit der linken Nadel in die Masche auf der rechten Nadel einstechen, Faden um die rechte Nadel schlagen, durchziehen, nicht abheben usw. Auf der linken Nadel mehren sich die Maschen, während auf der rechten Nadel stets 1 Masche bleibt.

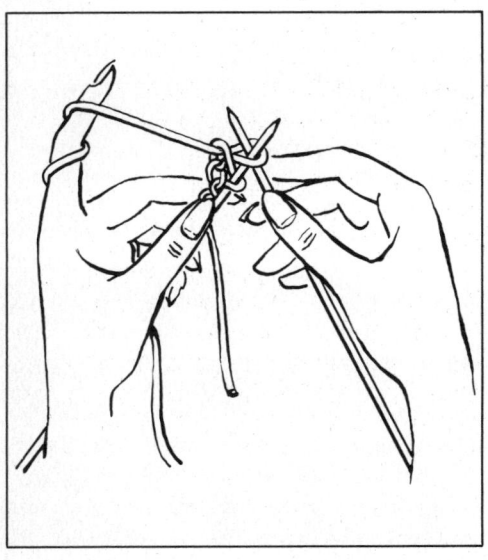

2
Anschlag aus
einer Masche
Anfang

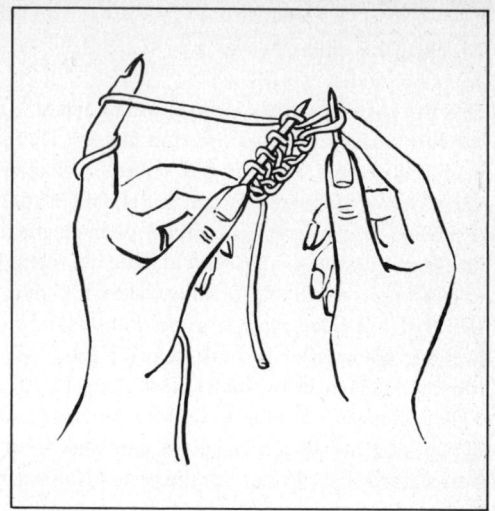

Dieser Anschlag, auch gestrickter Anschlag genannt, wird hauptsächlich dann angewendet, wenn der Anschlag lose sein soll und wenn die Anschlagmaschen aufgefaßt werden müssen, z. B. bei einem Saum. Dient der Anschlag jedoch gleichzeitig als Kante, ist diese Anschlagart nicht zu empfehlen.

Nachstehende Abbildung zeigt den fertigen Anschlag. Letzterer zeigt auf der Rückseite eine Maschenbildung, als ob schon 1 Reihe gestrickt wäre. Die 1. Reihe ist hier sehr leicht abzustricken.

Fertiger
Anschlag

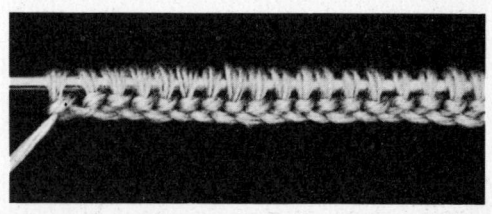

3
Anschlag von Maschen am Ende der Reihe

Soll eine angefangene Strickarbeit verbreitert werden, kann folgender Kreuzanschlag benützt werden: den Arbeitsfaden wie zum Stricken aufwickeln (oder wie die Abbildung zeigt, nur um den Daumen), um den Daumen von unten nach oben 1 Schlinge legen, mit der Nadel von unten nach oben in diese Schlinge einstechen, den Daumen aus der Schlinge nehmen und diese festziehen.

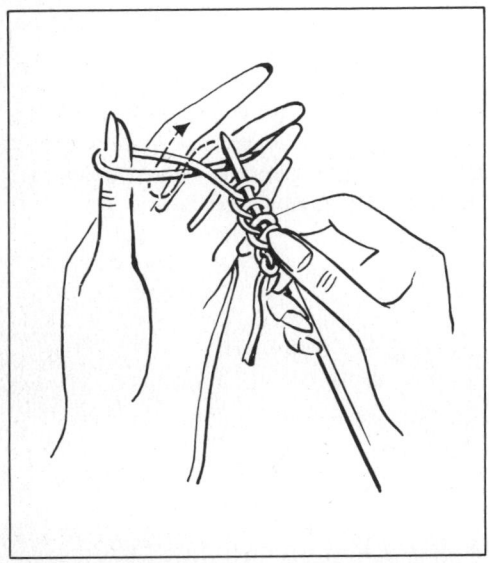

3
Kreuz-
anschlag zum
Verbreitern
einer angefan-
genen Strick-
arbeit

Anschlag von
Maschen am
Ende der
Reihe

Gehäkelte Luftmaschen-Kette zu Anfangsmaschen einer Strickarbeit aufgefaßt: man faßt mit einer Stricknadel die oberen waagrechten Glieder der Luftmaschen-Kette von vorn nach hinten auf und strickt diese als rechte Maschen ab.

Gehäkelte
Luftmaschen-
Kette als
Anfangs-
maschen

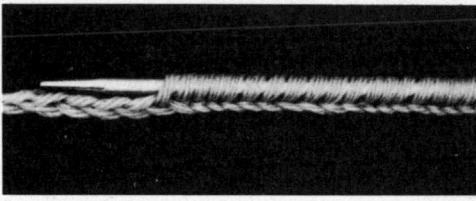

Man unterscheidet eine geschlossene und eine offene Arbeit. Die geschlossene Arbeit wird in Runden auf einem Nadelspiel oder einer Rundnadel gestrickt, die offene Arbeit auf 2 langen, geraden Stricknadeln in Hin- und Rückreihen.

4
Maschenanschlag zu einer geschlossenen Arbeit

Die Anschlagmaschen werden so verteilt, daß auf der 1. Nadel
2 Maschen mehr als auf der 2. und 3. Nadel liegen, die 4. Nadel erhält 2 Maschen weniger. Die beiden ersten Maschen der
1. Nadel werden nun mit der 4. Nadel abgestrickt, und damit
ist die Runde geschlossen; jetzt mit der 5. Nadel die Maschen
der 1. Nadel abstricken.

4
Maschen-
anschlag zu
einer geschlos-
senen Arbeit

5
Anschlag des Rippenmusters 1 Masche rechts, 1 Masche links

Diese Art des Anschlages erhöht die Elastizität des Randes. Es entsteht der Eindruck, daß die Maschen von der rechten zur linken Seite des Gestricks ohne Unterbrechung weiterlaufen.
Anhand nachstehender Skizzen und Erläuterungen wird es Ihnen sicher möglich sein, diesen Anschlag so zu erlernen, daß er Ihnen bald so geläufig ist wie der Kreuzanschlag.
Beim Anschlagen benötigt man für eine Masche etwa 1—1,5 cm Wolle. Nun einen entsprechend langen Faden abmessen, diesen hängen lassen (stets eine gerade Maschenzahl wählen) und eine Schlinge um die Nadel legen.

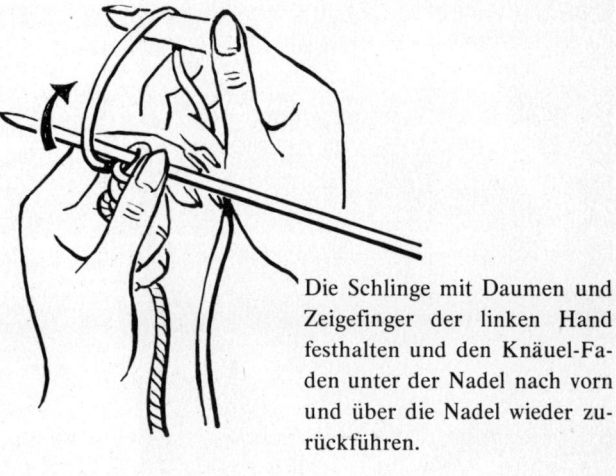

Die Schlinge mit Daumen und Zeigefinger der linken Hand festhalten und den Knäuel-Faden unter der Nadel nach vorn und über die Nadel wieder zurückführen.

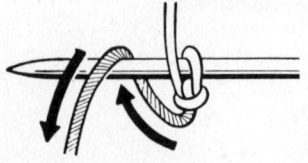

Die Schlinge mit Daumen und Zeigefinger der rechten Hand festhalten und den lose hängenden Faden von hinten über die Nadel nach vorn führen.

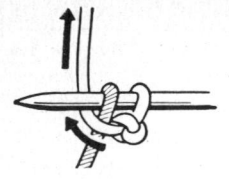

Die Schlinge mit Daumen und Zeigefinger der linken Hand festhalten und den Knäuel-Faden zunächst vorn über den hängenden Faden legen, dann ersteren unter der Nadel nach hinten führen.

Die Schlingen mit Daumen und Zeigefinger der rechten Hand festhalten und den lose hängenden Faden von hinten über die Nadel nach vorn führen.

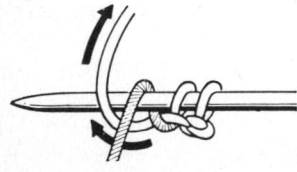

Die Schlinge mit Daumen und Zeigefinger der linken Hand festhalten und den Knäuel-Faden unter der Nadel nach vorn und über die Nadel wieder zurückführen.

Die Schlingen mit Daumen und Zeigefinger der rechten Hand festhalten und den lose hängenden Faden zunächst über den Knäuel-Faden legen, dann ersteren unter der Nadel von hinten nach vorn führen. Es sind nun 2 Maschen zuzüglich Anfangsschlinge auf der Nadel. Diese 6 Arbeitsgänge fortlaufend wiederholen.

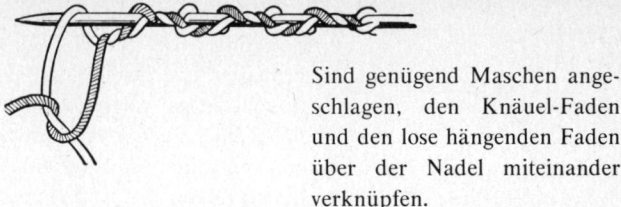

Sind genügend Maschen angeschlagen, den Knäuel-Faden
und den lose hängenden Faden
über der Nadel miteinander
verknüpfen.

Die nächsten 2 Reihen werden wie folgt gearbeitet: 1. Reihe:
1 Masche rechts, ★ die folgende Masche links abheben (der
Faden liegt vor der Masche), 1 Masche rechts verdreht. Ab ★
wiederholen (★ siehe Erläuterungen Seite 243 f.).
2. Reihe: ★ 1 Masche rechts, die folgende Masche links abheben (der Faden liegt vor der Masche). Ab ★ wiederholen.

Ab hier im Rippenmuster 1 Masche rechts / 1 Masche links
weiterarbeiten.

6
Rechte Masche

In die Masche der linken Nadel von vorn nach hinten einstechen, den Faden, der vom Zeigefinger kommt, umschlagen
(der Arbeitsfaden liegt vor der Nadel) und durch die Masche
ziehen; die Masche von der linken Nadel abheben.

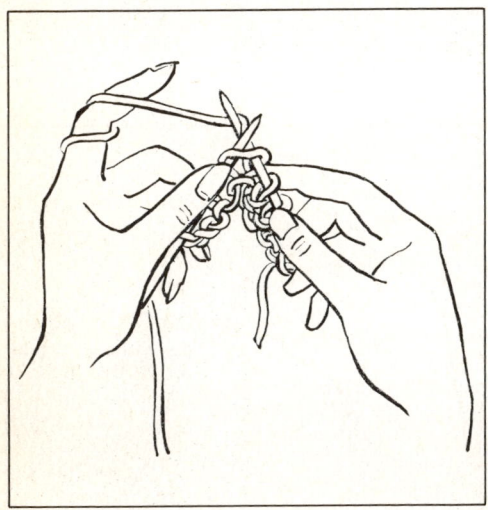

6
Rechte
Masche

Rechte
Masche

**7
Rechts-
verdrehte
Masche**

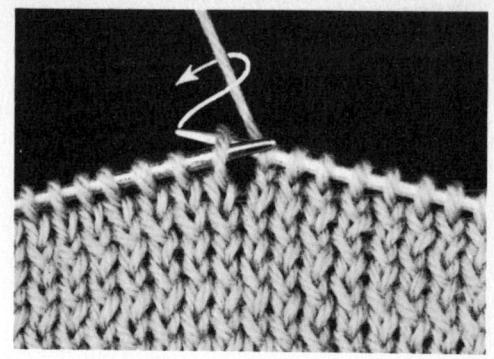

**8
Linke Masche**

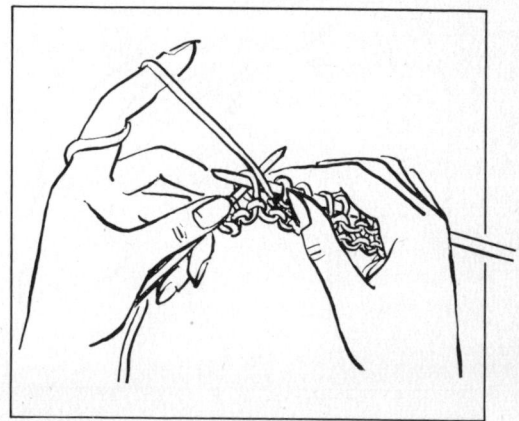

Linke Masche

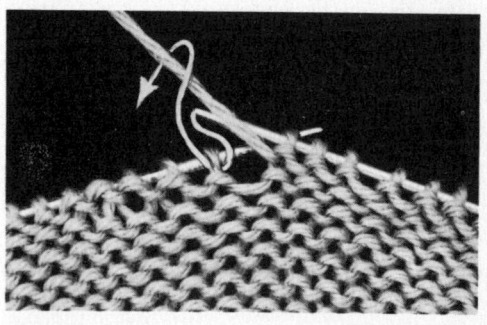

7
Rechts-verdrehte Masche

Von der rechten Seite nach hinten einstechen, umschlagen, Faden durchziehen, abheben.

8
Linke Masche

Den Faden auf die linke Nadel vor die Masche legen, hinter dem Faden von rechts nach links in die Masche einstechen, umschlagen, durchziehen, von der linken Nadel heben.

9
»Kraus«-
Strickerei

10
1 Masche
rechts und
1 Masche
links im
Wechsel

11
1 Linksmasche
und 1 ver-
drehte Rechts-
masche im
Wechsel

12
2 Maschen
rechts und
2 Maschen
links im
Wechsel

9
»Kraus«-Strickerei

Es werden in den Hin- und Rückreihen fortlaufend nur rechte Maschen gestrickt.

10
1 Masche rechts und 1 Masche links im Wechsel

Liest man bei einer Arbeitsanleitung 1 Masche rechts, 1 Masche links im Wechsel, so wird jeweils die ganze Reihe hindurch 1 Masche rechts, 1 Masche links, 1 Masche rechts, 1 Masche links, 1 Masche rechts, 1 Masche links usw. gearbeitet.

11
1 Linksmasche und 1 verdrehte Rechtsmasche im Wechsel

Hübsch und gleichmäßig im Aussehen ist die verdrehte oder verschränkte Rechtsmasche im Wechsel- mit einer Linksmasche. Auf der Rückseite wird die rechts verdrehte Masche links verdreht gestrickt.

12
2 Maschen rechts und 2 Maschen links im Wechsel

Für Bund und Bündchen ist diese Technik sehr beliebt. Maschenzahl durch 4 teilbar.
1. Reihe: 2 Maschen rechts, 2 Maschen links im Wechsel.
2. Reihe und alle folgenden Reihen: Maschen stricken, wie sie erscheinen.

13/1.
Abketten
durch
Überziehen

13/2.
Abketten
durch
Zusammen-
stricken

13/3.
Abketten
durch
Abhäkeln

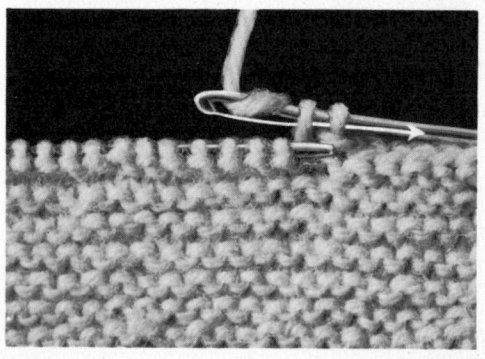

22

13
Abketten der Maschen

1. Abketten durch Überziehen: hierbei strickt man die ersten 2 Maschen der Nadel wie gewöhnlich ab und zieht dann die zuerst gestrickte Masche über die 2. Masche, strickt die 3. Masche und zieht die 2. Masche darüber usw., bis alle Maschen abgekettet sind. Durch die letzte Masche, die sich noch auf der Nadel befindet, zieht man den Faden und vernäht denselben auf der Rückseite.

2. Abketten durch Zusammenstricken: bei dieser Art strickt man 2 Maschen rechts verdreht zusammen. Die durch das Zusammenstricken gebildete Masche übernimmt man auf die linke Nadel und strickt diese Masche mit der nächsten Masche wieder rechts verdreht zusammen usw.

3. Abketten durch Abhäkeln: dazu benützt man eine Häkelnadel. Soll die Kante lose werden, so verwendet man eine ziemlich starke Nadel, für eine mittlere Kante dieselbe Stärke wie die Stricknadel und für besonders feste Kanten eine etwas feinere Nadel.
Zunächst werden die beiden ersten Maschen auf die Häkelnadel geholt (jede einzelne Masche rechts abheben), dann häkelt man diese wie eine Kettenmasche ab (den Arbeitsfaden mit der Häkelnadel holen und durch beide Maschen ziehen). Von jetzt an wird stets die nächstfolgende Masche rechts abgehoben und mit der auf der Nadel befindlichen Masche als Kettenmasche abgehäkelt.

1

2

3

4

5

6

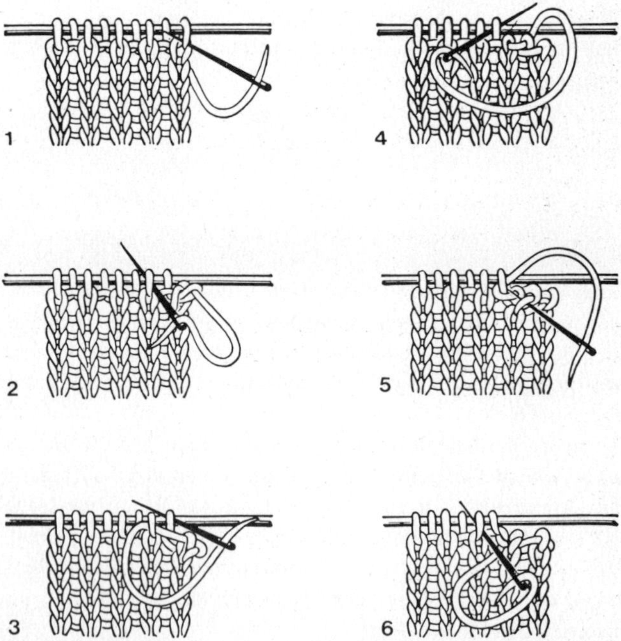

14

Abketten des Rippenmusters — 1 Masche rechts,
1 Masche links mit der Stopfnadel

Diese Art des Abkettens erhöht die Elastizität des Randes. Die Abkettreihe ist als solche nicht erkennbar, d. h. es entsteht der Eindruck, daß die Maschen von der rechten zur linken Seite des Gestricks ohne Unterbrechung weiterlaufen.

Anhand nebenstehender Skizzen und Erläuterungen werden Sie dieses Abketten sicherlich so leicht erlernen, daß es Ihnen bald ebenso geläufig ist wie die übrige Abkettmethode.

Nach Beendigung der letzten Reihe einen genügend langen Faden hängen lassen und dessen Ende durch eine Stramin-Nadel ziehen (die rechte Seite der Arbeit ist vorne).

Mit der Stopfnadel in die 1. Rechts-Masche von rechts nach links einstechen, den Faden durchziehen und die Masche von der Stricknadel nehmen. **1**

Die folgende Links-Masche übergehen, in die nächste Rechts-Masche von rechts nach links einstechen und den Faden durchziehen (die Masche bleibt auf der Stricknadel). **2**

In die übergangene Links-Masche von rechts nach links einstechen, den Faden durchziehen und beide Maschen von der Stricknadel nehmen. **3**

In die folgende Links-Masche von links nach rechts einstechen und den Faden durchziehen (die Masche bleibt auf der Strick-nadel). **4**

In die zuvor von der Nadel genommene Rechts-Masche von rechts nach links einstechen und den Faden durchziehen. **5**

In die nächste Rechts-Masche von rechts nach links einstechen und den Faden durchziehen. Die 4 letzten Arbeitsgänge so lange wiederholen, bis alle Maschen abgekettet sind. Den Endfaden vernähen. **6**

15
Die Rand-masche

Ende der
Reihe

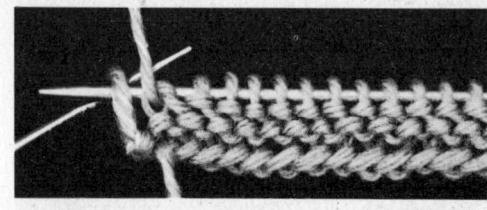

Nach dem
Wenden

16
Knötchen-Rand

Knötchen-Rand bei
»kraus«-gestrickten
Arbeiten

15
Die Randmasche

Strickarbeiten, welche hin- und hergehend gestrickt werden, schließen jede Reihe mit einer Randmasche wie folgt: am Ende der Reihe wird die letzte Masche nicht abgestrickt, man legt den Faden wie zu einer Linksmasche vor und hebt die letzte Masche nur ab.

Nach dem Wenden strickt man die angehobene Masche rechts verdreht ab.

16
Knötchen-Rand

Für alle Kanten, die später zu Nähten verarbeitet werden, empfehlen wir einen festen Rand, den Knötchen-Rand. In der Hinreihe wird die Randmasche rechts abgestrickt. In der Rückreihe wird der Faden hinter die Nadel gelegt, in die Randmasche wie zu einer Linksmasche eingestochen und nun abgehoben. Der Faden ist fest anzuziehen.

Derselbe Rand bei »kraus«-gestrickten Arbeiten.

**17
Auffassen der
Randmaschen**

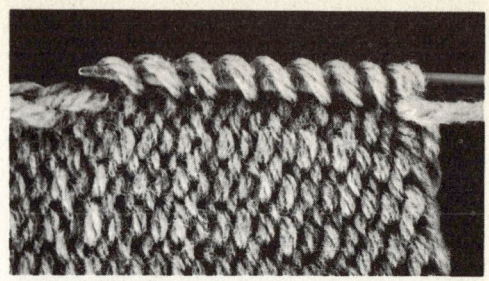

**18
Zunehmen
einer Masche
am Anfang
einer Reihe**

**19
Zunehmen von
Maschen
innerhalb
einer Strick-
reihe**

1. Art

2. Art

17
Auffassen der Randmaschen

Wird bei Westen, Pullovern usw. ein Rand, Kragen oder dgl. angestrickt, so faßt man hierzu die an der Vorderseite liegenden Glieder der Randmaschen auf die Nadel.

18
Zunehmen einer Masche am Anfang der Reihe

Man holt das waagrecht liegende Querglied zwischen der Randmasche und der 2. Masche auf die Nadel und strickt es als verdrehte Masche ab. Wird am Ende der Reihe 1 Masche zugenommen, so strickt man bis zur Randmasche, holt das letzte Querglied auf die Nadel und strickt dasselbe ebenfalls verdreht ab.

19
Zunehmen von Maschen innerhalb einer Strickreihe

Soll die Maschenzahl in einer Reihe unsichtbar vermehrt werden, so kann dies auf 2 Arten erfolgen.

1. Art: aus 1 Masche werden 2 Maschen gestrickt, d. h. die Masche wird rechts abgestrickt, jedoch nicht von der Nadel gehoben. Aus der gleichen Masche wird nun eine 2. rechts verdrehte Masche geholt.

2. Art: man bildet aus dem zwischen 2 Maschen liegenden Querglied eine neue Masche, indem man dieses mit der linken Nadel auffaßt und rechts verdreht abstrickt.

Sollen innerhalb einer Reihe mehrere Maschen zugenommen werden, so wiederholt man diesen Vorgang in gleichen Abständen.

Soll das Zunehmen von mehreren Maschen innerhalb einer Reihe bei einem Gestrick im Verlaufe der Arbeit an denselben Stellen öfter wiederholt werden, so bezeichnet man zunächst die für das Zunehmen vorgesehenen Stellen mit buntem Faden. Soll an jeder Zunehme-Stelle nur 1 Masche zugenommen werden, so faßt man abwechselnd in einer Zunehme-Reihe jeweils die Querglieder vor der bezeichneten Masche und in der anderen Zunehme-Reihe die Querglieder nach der bezeichneten Masche auf und strickt sie verdreht ab.

Sollen an den bezeichneten Stellen 2 Maschen zugenommen werden, so faßt man jeweils das Querglied vor und nach den bezeichneten Maschen auf und strickt es verdreht ab.

20
Abnehmen

Das gewöhnliche Abnehmen erfolgt durch Zusammenstricken zweier nebeneinanderliegender Maschen. Dieses Zusammenstricken kann rechts, links oder verdreht geschehen. Außerdem kann aber auch noch durch Überziehen abgenommen und dabei die Maschenzahl um 1 oder 2 Maschen vermindert werden. Soll die Maschenzahl um 1 vermindert werden, so hebt man die 1. Masche von der linken auf die rechte Nadel (beim Abheben wie bei einer rechten Masche einstechen), strickt dann die 2. Masche rechts ab und zieht die abgehobene darüber. Will man die Maschenzahl um 2 vermindern, so wird die 1. Masche abgehoben, die 2. und 3. Masche rechts zusammengestrickt und dann die abgehobene darübergezogen. Soll die mittlere Masche weiterlaufen, so muß diese zuerst auf eine Hilfsnadel gehoben werden, dann strickt man die 1. und 3. Masche zusammen und zieht die mittlere Masche darüber.

Wird rechts abgenommen, so bekommt das Abnehmen die Richtung nach rechts. Soll aber das Abnehmen die Richtung nach links haben, so muß verdreht abgenommen werden.

20
Abnehmen
rechts

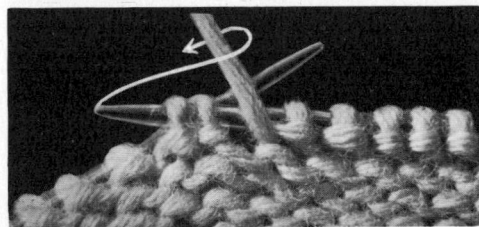

Abnehmen
links

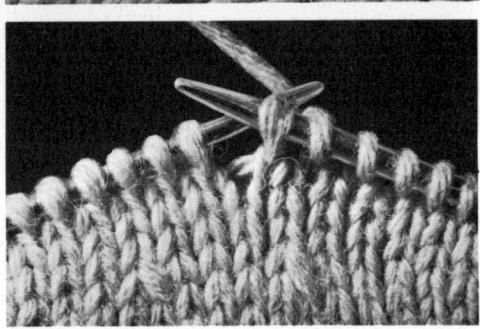

Abnehmen
durch
Überziehen

Sollen innerhalb einer Reihe mehrere Maschen abgenommen werden, z. B. über dem Bund eines Pullovers, so wird dies in gleichen Abständen nach einer der zuvor erwähnten Arten durchgeführt.

Soll das Abnehmen von mehreren Maschen innerhalb einer Reihe bei einem Gestrick im Verlaufe der Arbeit an denselben Stellen öfter wiederholt werden, z. B. bei Glockenröcken, die von unten nach oben gearbeitet werden, so bezeichnet man zunächst die für das Abnehmen vorgesehenen Stellen mit buntem Faden. Soll an jeder Abnehme-Stelle nur 1 M abgenommen werden, so strickt man in 1. Abnehme-Runde jeweils die bezeichnete Masche mit der Masche davor und in 2. Abnehme-Runde die bezeichnete Masche mit der Masche danach zusammen. Diese beiden Abnehme-Runden werden fortlaufend wiederholt. Sollen an jeder Abnehme-Stelle 2 M abgenommen werden, so strickt man zuerst die beiden Maschen vor der bezeichneten Masche rechts verdreht oder durch Überziehen zusammen und die beiden Maschen nach der bezeichneten Masche rechts zusammen.

Sollen am Anfang oder Ende einer Reihe 1—2 Maschen abgenommen werden, z. B. bei Ausschnitt- oder Raglanschrägungen, so kann man am Anfang einer Reihe entweder die Randmasche mit 1—2 Maschen danach rechts verdreht zusammenstricken und am Ende der Reihe die Randmasche mit 1—2 Maschen davor rechts zusammenstricken, oder man läßt am Anfang und Ende beliebig je 1, 2 oder 3 Maschen hochlaufen und strickt die Maschen danach bzw. davor wie beschrieben zusammen. Sollen am Anfang einer Reihe mehrere Maschen auf einmal abgenommen werden, so erfolgt dies durch Abketten.

Fehlerverbesserung

21

Aufheben von gefallenen Rechtsmaschen

Man faßt mit der rechten Stricknadel den querliegenden Faden
und die Masche von hinten nach vorn und legt beides auf die
linke Nadel (der Querfaden liegt rechts von der Masche). Mit
der rechten Nadel die Masche von der Seite nach vorn fassen
und über den Querfaden heben.
Liegt die Masche mehrere Reihen weiter unten, so beginnt man
mit dem untersten Querfaden und macht es mit den folgenden
auf gleiche Weise.

21
Aufheben von
gefallenen
Rechts-
maschen

**22
Das Aufhäkeln
von Rechts-
maschen**

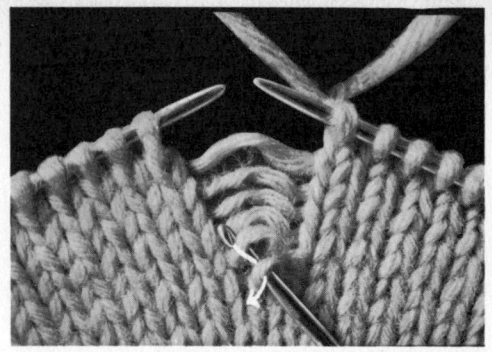

**23
Aufheben von
gefallenen
Linksmaschen**

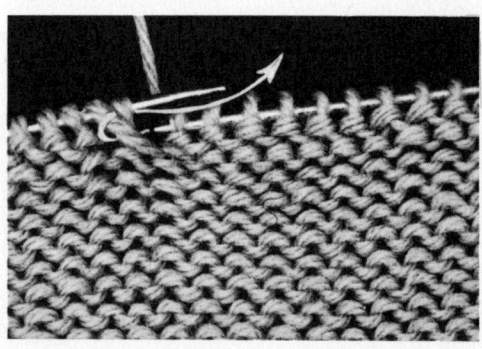

22
Das Aufhäkeln von Rechtsmaschen

Mit Hilfe einer Häkelnadel (möglichst in der gleichen Stärke
wie die Stricknadel) kann die heruntergefallene Masche sehr
leicht aufgehoben werden. Wie die Abbildung zeigt, liegt die
gefallene Masche auf der Häkelnadel. Nun holt man den
nächsten querliegenden Faden und zieht ihn durch die gefallene Masche (wie bei einer Luftmasche). Diesen Vorgang wiederholt man bis oben und hebt dann die Masche auf die linke
Nadel, so daß das rechte Maschenglied vor der Nadel liegt.

23
Aufheben von gefallenen Linksmaschen

Bei Linksmaschen liegt die gefallene Masche auf der linken
Nadel rechts von dem Querfaden. Man sticht mit der rechten
Nadel von der Seite nach vorn durch die aufgefaßte Masche
und zieht den Querfaden durch die Masche. Auf einfachere
Weise verbessert man diesen Fehler, indem man die Arbeit
wendet und die heruntergefallene Masche rechts heraufstrickt.

24
Der Armausschnitt

Da Material- und Nadelstärke sowie die Tiefe des Ausschnittes maßgebend sind, kann die Anzahl der abzunehmenden Maschen nicht genau angegeben werden. Man arbeitet daher am besten nach dem Schnitt. Vor Beginn des Ausschnittes legt man die Arbeit auf den Schnitt und kann nun auszählen, wieviel Maschen in der nächsten Reihe abzunehmen sind. Die Abbildung zeigt den Armausschnitt eines Rückenteils. Bei Verwendung von mittelstarker Wolle und Nadeln 3 mm wurden die Armausschnitte wie folgt gearbeitet: am Anfang der Nadel 5 Maschen abketten, die Reihe vollenden und nach dem Wenden für den linken Armausschnitt ebenfalls 5 Maschen abketten. An der Rückseite zurückgehend die ganze Maschenzahl abstricken, wenden und zu Beginn der Reihe 3 Maschen abketten, dieselbe Zahl nach dem Wenden beim zweiten Armausschnitt. Weiter nochmals je 2—3 Maschen, dann jeweils 1 Masche abnehmen, bis die Rückenbreite erreicht ist. Bei einem weniger tiefen Ausschnitt oder bei gröberer Wolle geschieht das Abnehmen ungefähr so: 4, 3, 2 und je 1 Masche bis zur Rückenbreite. Am besten legt man ein gut passendes Schnittmuster unter und kontrolliert so die abzunehmende Maschenzahl.

24
Der Armaus-
schnitt eines
Rückenteils

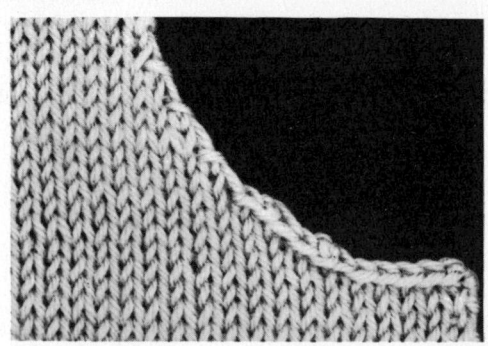

Der spitze Halsausschnitt

Es läßt sich nicht genau sagen, wieviel Maschen für die Ausschnittschrägung abgenommen werden. Das Material, die Nadeln und auch die Form des Ausschnittes spielen hierbei eine Rolle. Man zählt zunächst die ganze Maschenzahl des Vorderteiles und teilt die Arbeit in der Mitte in ein rechtes und ein linkes Schulterteil. Meist wird der Ausschnitt nach einem Schnittmuster gearbeitet, wobei die Arbeit gleich vor Beginn aufgelegt wird. Man kann so leicht feststellen, ob die Schrägung von unten aufwärts gleichmäßig ist oder ob der Ausschnitt eine leichte Rundung zeigt. Bei einem gleichmäßig geschrägten Ausschnitt nimmt man bei dem im Tragen linken Schulterteil jeweils am Ende der Rechtsreihen 1 Masche ab, indem man die 4.letzte Masche abhebt, die 3.letzte Masche rechts strickt und die abgehobene Masche darüberzieht (siehe Abbildung), während am rechten Teil zu Anfang der Reihen, also ebenfalls auf der Vorderseite, die 3. mit der 4. Masche rechts zusammengestrickt wird. Zeigt der Ausschnitt eine Rundung, so wird entsprechend am Ende der Hin- und am Anfang der Rückreihe je 1 Masche abgenommen. Oft genügt das Abnehmen von unten aufwärts bei jeder 2. oder 3. Rechtsreihe. Wie schon oben erwähnt, ist der Schnitt maßgebend; man legt die Arbeit öfter auf, um sich von der Übereinstimmung überzeugen zu können.

25
Der spitze
Halsausschnitt

26
Senkrecht eingestricktes Knopfloch

27
Quergestricktes Knopfloch

28
Stricken einer Schulterschrägung

26
Senkrecht eingestricktes Knopfloch

Hier muß die Arbeit bis zur betreffenden Höhe (Länge des Knopflochs) geteilt weitergestrickt werden. Die Abbildung zeigt die Verbindung beider Teile. An der Knopflochkante wird nach dem Wenden die 1. Masche abgehoben.

27
Quergestricktes Knopfloch

Bevor man mit dem Knopfloch beginnt, muß man sich über dessen Größe klar sein. Ein gewöhnlicher Westenknopf verlangt etwa 3 Maschen Breite. Die betreffenden Maschen werden in einer Reihe abgekettet und in der folgenden Reihe wieder neu angeschlagen.

28
Stricken einer Schulterschrägung

Gleich den vorhergehenden Beschreibungen richtet sich die Schrägung der Schulter nach dem Schnittmuster. Um eine schräge Richtung der Schulterlinie zu erhalten, läßt man stufenweise 4 bis 10 Maschen ungestrickt auf der Nadel. Nach dem Wenden der Arbeit wird die 1. Masche stets abgehoben, auf der Vorderseite rechts, auf der Rückseite links. Auf diese Weise fährt man fort, bis die Schulterlinie ihre Länge erhalten hat. Zum Schluß werden die Maschen abgekettet.
Man kann die Schulter auch auf eine andere Art abschrägen, und zwar indem man stufenweise, je nach Schnitt, 4—10 Maschen abkettet.

29
Verkürzte Reihen

Bei eingestrickten Seitenabnähern, Schulterschrägungen, Rükkenerhöhungen bei Hosen, quergestrickten Röcken, wie überhaupt bei allen Ausarbeitungen von Formen innerhalb eines Gestrickes bedient man sich des Strickens von verkürzten Reihen. Wie unschön wirkt es dann, wenn beispielsweise bei einer Weste der Brustabnäher durch Löcher markiert ist. Das kann vermieden werden, indem man vor dem Wenden einen Umschlag um die Nadel legt. Bei der nächsten Reihe wird dieser Umschlag mit der nächstfolgenden Masche zusammen abgestrickt.

Das gleiche gilt auch für das Stricken mit Handstrickapparaten.

29
Verkürzte
Reihen

Strickmuster

Patentmuster

1
Einfach Patent

Strickart I
Gerade Maschenzahl
1. Reihe: Randm., ★ 1 Umschl., folg. Masche li abh., 1 M r.
Ab ★ wiederholen, Randm.
2. Reihe: Randm., ★ 1 Umschl., folg. Masche li abh., den
Umschl. der Vorreihe mit der abgeh. M r zus.str. Ab ★ wie-
derholen, Randm.
Die 2. Reihe fortlaufend wiederholen.

1
Einfach Patent
Strickart I

Einfach Patent
Strickart II

2
Netzpatent

Strickart II

Gerade Maschenzahl.

1. Reihe: rechts.

2. Reihe: Randm., ★ 1 M r, 1 M r, dabei sticht man unter die Linksmasche, so daß diese sich auflöst. Ab ★ wiederholen.

Die 2. Reihe fortlaufend wiederholen, dabei die Rechtsmaschen versetzen. Auf die tiefgestrickte Rechtsmasche kommt also die normale Rechtsmasche, usw.

2

Netzpatent

Das Muster erscheint auf der linken Seite. Gerade Maschenzahl.

1. Reihe: Randm., ★ 1 Umschl., folg. Masche li abh., 1 M r. Ab ★ wiederholen, Randm.

2. Reihe: Randm., ★ 2 M r, den Umschl. der Vorreihe li abh. (der Faden liegt hinter dem Umschl.). Ab ★ wiederholen, Randm.

3. Reihe: Randm., ★ folg. Masche mit dem Umschl. r zus.str., 1 Umschl., 1 M li abh. Ab ★ wiederholen, Randm.

4. Reihe: Randm., 1 M r, ★ den Umschl. der Vorreihe li abh. (der Faden liegt hinter dem Umschl.), 2 M r. Ab ★ wiederholen. Die Reihe endet: den Umschl. der Vorreihe li abheben (Faden hinten), 1 M r, Randm.

5. Reihe: Randm., ★ 1 Umschl., 1 M li abh., folg. Masche mit dem Umschl. r zus.str. Ab ★ wiederholen, Randm.

2.—5. Reihe fortlaufend wiederholen.

3
Doppelpatent

4
Kleines
Perlmuster

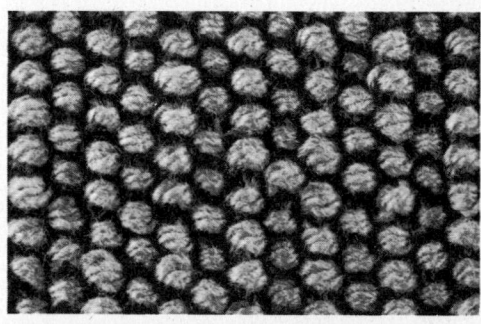

5
Großes
Perlmuster

3
Doppelpatent

Gerade Maschenzahl.
1. Reihe: 1 M r, 1 Umschl. im Wechsel.
2. Reihe: die Umschl. der Vorreihe r str. und die gestr. M der Vorreihe li abh. (der Faden liegt dabei vor den M).
3. Reihe: die abgeh. M der Vorreihe r str. und die gestr. M der Vorreihe li abh. (der Faden liegt dabei vor den M). Die 3. Reihe fortlaufend wiederholen. Bemerkung: Das Strickstück zeigt auf beiden Seiten eine Rechtsfläche. Die Strickflächen der Vorder- und Rückseite sind voneinander getrennt.

Dichte Muster

4
Kleines Perlmuster

Gerade Maschenzahl.
1. Reihe: ★1 M r, 1 M li. Ab ★ wiederholen.
2. Reihe: ★1 M li, 1 M r. Ab ★ wiederholen.
Die 1. und 2. Reihe fortlaufend wiederholen.

5
Großes Perlmuster

Gerade Maschenzahl.
1. Reihe: Randm., ★1 M r, 1 M li. Ab ★ wiederholen, Randm.
2. Reihe: M str., wie sie erscheinen.
3. Reihe: Randm., ★1 M li, 1 M r. Ab ★ wiederholen, Randm.
4. Reihe: M str., wie sie erscheinen.
1.—4. Reihe fortlaufend wiederholen.

6
Strickmuster

7
Strickmuster

6

Strickmuster

Gerade Maschenzahl.
1. Reihe: Randm., ★1 M r, 1 M li. Ab ★ wiederholen, Randm.
2. und 3. Reihe: M str., wie sie erscheinen.
4. Reihe: die r M der Vorreihe li und die li M der Vorreihe r str.
5. und 6. Reihe: M str., wie sie erscheinen.
1.—6. Reihe fortlaufend wiederholen.

7

Strickmuster

Maschenzahl durch 6 teilbar und 2 Randmaschen.
1. Reihe: Randm., ★1 M li, 5 M r. Ab ★ wiederholen, Randm.
2. Reihe: Randm., ★4 M li, 2 M r. Ab ★ wiederholen, Randm.
3. Reihe: Randm., ★3 M li, 3 M r. Ab ★ wiederholen, Randm.
4. Reihe: Randm., ★2 M li, 4 M r. Ab ★ wiederholen, Randm.
5. Reihe: Randm., ★5 M li, 1 M r. Ab ★ wiederholen, Randm.
6. Reihe: r.
7. Reihe wie die 5. Reihe.
8. Reihe wie die 4. Reihe.
9. Reihe wie die 3. Reihe.
10. Reihe wie die 2. Reihe.
11. Reihe wie die 1. Reihe.
12. Reihe: li.
1.—12. Reihe fortlaufend wiederholen.

**8
Strickmuster**

**9
Strickmuster**

8
Strickmuster

Maschenzahl durch 8 teilbar und 1 M.

1. Reihe: Randm., ★ 7 M r, 1 M li. Ab ★ wiederholen. Die Reihe endet mit 7 M r, Randm.

2. Reihe: Randm., 1 M r, ★ 5 M li, 1 M r, 1 M li, 1 M r. Ab ★ wiederholen. Die Reihe endet mit 5 M li, 1 M r, Randm.

3. Reihe: Randm., 1 M r, 1 M li, ★ 3 M r, 1 M li, Ab ★ wiederholen. Die Reihe endet mit 1 M r, Randm.

4. Reihe: Randm., 2 M li, ★ 1 M r, 1 M li, 1 M r, 5 M li. Ab ★ wiederholen. Die Reihe endet mit 1 M r, 1 M li, 1 M r, 2 M li, Randm.

5. Reihe: Randm., 3 M r, ★ 1 M li, 7 M r. Ab ★ wiederholen. Die Reihe endet mit 1 M li, 3 M r, Randm.

6. Reihe wie die 4. Reihe.

7. Reihe wie die 3. Reihe.

8. Reihe wie die 2. Reihe.

1.—8. Reihe fortlaufend wiederholen.

9
Strickmuster

Das Muster erscheint auf der linken Seite.

Maschenzahl durch 4 teilbar und 2 Randmaschen.

1. Reihe: Randm., ★ aus folg. Masche 1 M r, 1 M li und 1 M r herausstr., 3 M li zus.str. Ab ★ wiederholen, Randm.

2. Reihe: links.

3. Reihe: Randm., ★ 3 M li zus.str., aus folg. Masche 1 M r, 1 M li und 1 M r herausstr. Ab ★ wiederholen, Randm.

4. Reihe: links.

1.—4. Reihe fortlaufend wiederholen.

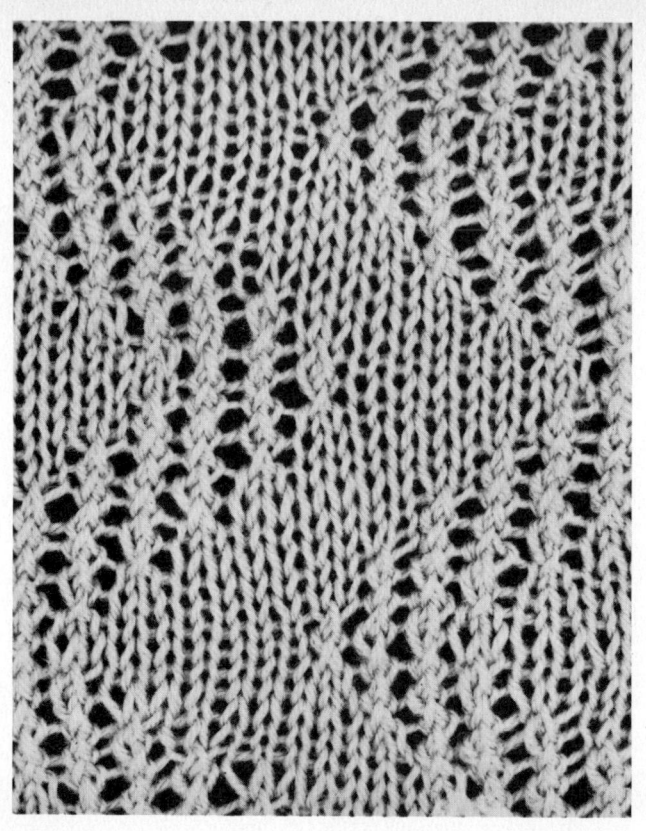

10 Strickmuster

10
Strickmuster

Maschenzahl durch 14 teilbar und 2 Randmaschen.

1. Reihe: Randm., ★ 8 M r, 3mal 2 M r verkreuzt abstr. (zuerst die 2. M r verdr. str., hochziehen und über die 1. M ziehen, dann erst die 1. M r str.). Ab ★ wiederholen, Randm.

2. Reihe: Randm., ★ 3mal 2 M li verkreuzt abstr. (wie in der 1. Reihe, nur li), 8 M li. Ab ★ wiederholen, Randm.

3. Reihe: Randm., 2 M r verkreuzt abstr., ★ 8 M r, 3mal 2 M r verkreuzt abstr. Ab ★ wiederholen. Die Reihe endet: 8 M r, 2mal 2 M r verkreuzt abstr., Randm.

4. Reihe: die verkreuzten M li verkreuzt abstr., die li M li str.

5. Reihe: Randm., 2mal 2 M r verkreuzt abstr., ★ 8 M r, 3mal 2 M r verkreuzt abstr. Ab ★ wiederholen. Die Reihe endet: 8 M r, 2 M r verkreuzt abstr., Randm.

6. Reihe wie 4. Reihe.

7. Reihe: Randm., ★ 3mal 2 M r verkreuzt abstr., 8 M r. Ab ★ wiederholen, Randm.

8. Reihe wie 4. Reihe.

9. Reihe: Randm., 2 M r, ★ 3mal 2 M r verkreuzt abstr., 8 M r. Ab ★ wiederholen. Die Reihe endet: 3mal 2 M r verkreuzt abstr., 6 M r, Randm.

10. Reihe wie 4. Reihe.

11. Reihe: Randm., 4 M r, ★ 3mal 2 M r verkreuzt abstr., 8 M r. Ab ★ wiederholen. Die Reihe endet: 3mal 2 M r verkreuzt abstr., 4 M r, Randm.

12. Reihe wie 4. Reihe.

13. Reihe wie 9. Reihe.

14. Reihe wie 4. Reihe.

15. Reihe wie 7. Reihe.

16. Reihe wie 4. Reihe.

17. Reihe wie 5. Reihe.

18. Reihe wie 4. Reihe.

19. Reihe wie 3. Reihe.

20. Reihe wie 4. Reihe.

1.—20. Reihe fortlaufend wiederholen.

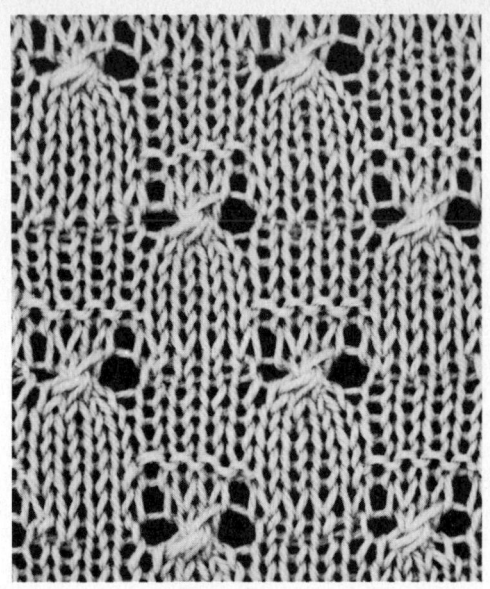

11
Strickmuster

Maschenzahl durch 8 teilbar und 2 Randmaschen.
1. Reihe: rechts.
2. Reihe: links.
3. Reihe: rechts.
4. Reihe: links.
5. Reihe: rechts.
6. Reihe: Randm., ★ 4 M li, 4 M li zus.str., die 4 M jedoch nicht von der Nadel nehmen, sondern nochmals r zus.str. Ab ★ wiederholen, Randm.
7. Reihe: Randm., ★ Querglied aufnehmen und r abstr., 2 M r, Querglied aufnehmen und r abstr., 4 M r. Ab ★ wiederholen, Randm.
8. Reihe: links.
9. Reihe: Randm., ★ 4 M li, 4 M r. Ab ★ wiederholen, Randm.
10.—13. Reihe wie 2.—5. Reihe.
14. Reihe: Randm., ★ 4 M li zus.str., die 4 M jedoch nicht von der Nadel nehmen, sondern nochmals r zus.str., 4 M li. Ab ★ wiederholen, Randm.
15. Reihe: Randm., ★ 4 M r, Querglied aufnehmen und r abstr., 2 M r, Querglied aufnehmen und r abstr. Ab ★ wiederholen, Randm.
16. Reihe: links.
17. Reihe: Randm., ★ 4 M r, 4 M li. Ab ★ wiederholen, Randm.
18. Reihe: links.
19. Reihe: rechts.
20. Reihe: links.
21. Reihe: rechts.
6.—21. Reihe fortlaufend wiederholen.

12
Strickmuster

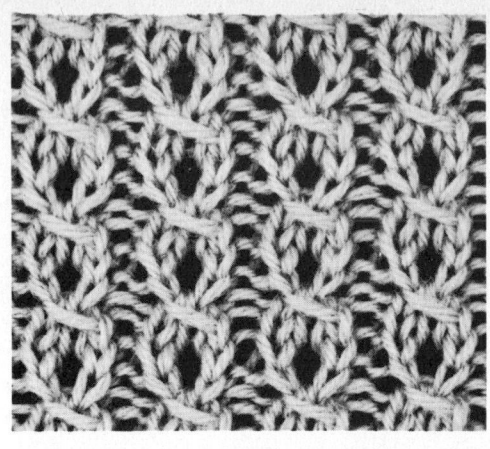

13
Strickmuster

12
Strickmuster

Maschenzahl durch 4 teilbar und 2 Randmaschen.
1. Reihe: Randm., ★ 1 M li, 1 M abh., 2 M r str. und die abgeh. M überz. Ab ★ wiederholen, Randm.
2. Reihe: Randm., ★ 1 M li, 1 Umschl., 1 M li, 1 M r. Ab ★ wiederholen, Randm.
3. Reihe: Randm., ★ 1 M li, den Umschl. und die 2 M r str. Ab ★ wiederholen, Randm.
4. Reihe: Randm., ★ 3 M li, 1 M r. Ab ★ wiederholen, Randm.
1.—4. Reihe fortlaufend wiederholen.

13
Strickmuster

1. Reihe (Rückr.): rechts.
2.—5. Reihe: »glatt links« (= Hinr. li, Rückr. r).
6. Reihe (Hinr.): links, dabei die 3. und jede folg. 4. M 5 Reihen tief fallen lassen, dann die 5 Querfäden mit der M auf die Nd. nehmen und zus. r abstr.
7. Reihe (Rückr.): rechts.
8.—11. Reihe: »glatt links«.
12. Reihe (Hinr.): links, dabei die 5. M und jede weitere 4. M 5 R tief fallen lassen, dann die Querfäden mit der M auf die linke Nd. nehmen und zus. r abstr.
1.—12. Reihe fortlaufend wiederholen.

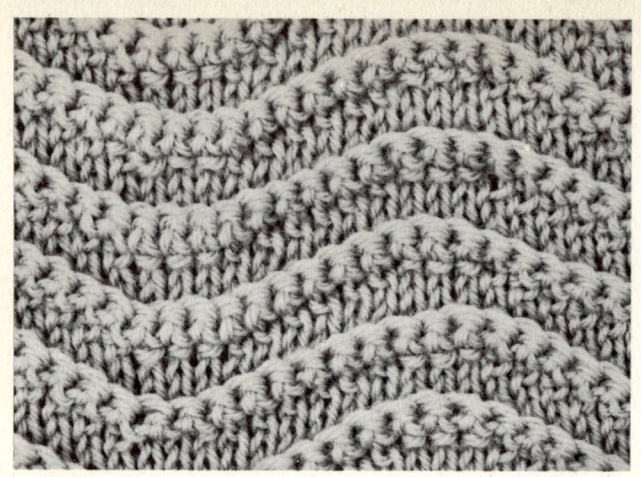

14 Strickmuster

Maschenzahl durch 18 teilbar und 2 Randmaschen.

1. Reihe: Randm., ★4 M li, 4 M r, 1 M li, 4 M r, 1 M li, 4 M r. Ab ★ wiederholen, Randm.

2. Reihe: Randm., ★1 M r, 4 M li, 4 M r, 4 M li, 1 M r, 4 M li. Ab ★ wiederholen, Randm.

3. Reihe: Randm., 5 M r, ★1 M li, 10 M r, 1 M li, 6 M r. Ab ★ wiederholen. Die Reihe endet: 1 M li, 10 M r, 1 M li, 1 M r, Randm.

4 Reihe: Randm., 2 M li, ★1 M r, 8 M li, 1 M r, 8 M li. Ab ★ wiederholen. Die Reihe endet: 1 M r, 8 M li, 1 M r, 6 M li, Randm.

5. Reihe: Randm., 7 M r, ★1 M li, 6 M r, 1 M li, 10 M r. Ab ★ wiederholen. Die Reihe endet: 1 M li, 6 M r, 1 M li, 3 M r, Randm.

6. Reihe: Randm., ★4 M li, 1 M r, 4 M li, 1 M r, 4 M li, 4 M r. Ab ★ wiederholen, Randm.

7. Reihe: Randm., ★4 M r, 1 M li, 4 M r, 4 M li, 4 M r, 1 M li. Ab ★ wiederholen, Randm.

8. Reihe: Randm., 1 M li, ★1 M r, 10 M li, 1 M r, 6 M li. Ab ★ wiederholen. Die Reihe endet: 1 M r, 10 M li, 1 M r, 5 M li, Randm.

9. Reihe: Randm., 6 M r ★1 M li, 8 M r, 1 M li, 8 M r. Ab ★ wiederholen. Die Reihe endet: 1 M li, 8 M r, 1 M li, 2 M r, Randm.

10. Reihe: Randm., 3 M li, ★1 M r, 6 M li, 1 M r, 10 M li. Ab ★ wiederholen. Die Reihe endet: 1 M r, 6 M li, 1 M r, 7 M li, Randm.

1.—10. Reihe fortlaufend wiederholen.

In die waagrechten Glieder der li M werden auf der rechten Seite dichte M gehäkelt.

15
Strickmuster

Maschenzahl durch 4 teilbar und 2 Randmaschen.
1. Reihe: rechts.
2. Reihe: links.
3. Reihe: Randm., ★ 2 M r, 2 M li abh. (Fd. liegt vor den M).
Ab ★ wiederholen, Randm.
4. Reihe: Randm., ★ 2 M li abh. (Fd. liegt hinter den M), 2 M
li. Ab ★ wiederholen, Randm.
5. Reihe: rechts.
6. Reihe: links.
7. Reihe: Randm., ★ 2 M li abh. (Fd. liegt vor den M), 2 M r.
Ab ★ wiederholen, Randm.
8. Reihe: Randm., ★ 2 M li, 2 M li abh. (Fd. liegt hinter den
M). Ab ★ wiederholen, Randm.
1.—8. R fortlaufend wiederholen.

15
Strickmuster

16
Strickmuster

Maschenzahl durch 8 teilbar und 4 M (2 M und 2 Randmaschen).
1. Reihe: Randm., ★ 2 M li, 3 M r, 2 M li, 1 M r. Ab ★ wiederholen. Die Reihe endet: 2 M li, Randm.
2.—4. Reihe: M str., wie sie erscheinen.

5. Reihe: Randm., ★ 2 M li; 3 M durch Überziehen zus.str. (d. h. 1 M abh., 2 M r zus.str. und die abgeh. M überz.), 2 M li, 1 M zunehmen (Querglied auffassen und r verdreht abstr.), 1 M r, 1 M zunehmen. Ab ★ wiederholen. Die Reihe endet: 2 M li, Randm.

6. Reihe: Randm., 2 M r, ★ 3 M li, 2 M r, 1 M li, 2 M r. Ab ★ wiederholen, Randm.

7.—10. Reihe: M str., wie sie erscheinen.

11. Reihe: Randm., ★ 2 M li, 1 M zunehmen (Querglied auffassen und r verdr. abstr.), 1 M r, 1 M zunehmen, 2 M li, 3 M durch Überz. zus.str. Ab ★ wiederholen. Die Reihe endet: 2 M li, Randm.

12. Reihe: Randm., 2 M r, ★ 1 M li, 2 M r, 3 M li, 2 M r. Ab ★ wiederholen, Randm.

13.—16. Reihe: M str., wie sie erscheinen.

5.—16. Reihe fortlaufend wiederholen.

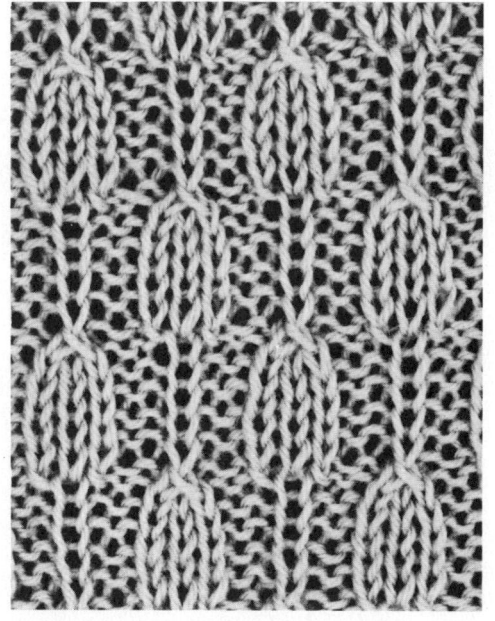

16
Strickmuster

3 M auf Hilfs-
nadel

Verkreuzen

Zopf mit
6 Maschen

Zopfmuster

17
Strickmuster

Maschenzahl durch 11 teilbar und 2 Randmaschen.

1. Reihe: Randm., ★ 1 M r, 2 M li, 6 M r, 2 M li. Ab ★ wiederholen, Randm.

2.—4. Reihe: M stricken, wie sie erscheinen.

5. Reihe: Randm., ★ 1 M r, 2 M li, die folg. 3 M auf Hilfsnadel nehmen und vor die Arbeit legen, die folg. 3 M r (siehe Abbildung), dann die Hilfsnadel-Maschen ebenfalls r str., 2 M li. Ab ★ wiederholen, Randm.

6. Reihe: Randm., ★ 2 M r, 6 M li, 2 M r, 1 M li. Ab ★ wiederholen, Randm.

1.—6. Reihe fortlaufend wiederholen.

Die Abbildung zeigt die Arbeit während des Verkreuzens.

Der Zopf kann mit 2, 4, 6 oder 8 Maschen gearbeitet und je nach Belieben in kürzeren oder längeren Zwischenräumen gekreuzt werden.

18
Strickmuster

Maschenzahl durch 5 teilbar und 3 M (1 M und 2 Randmaschen).
1. Reihe: Randm.,★ 1 M li, 4 M r. Ab ★ wiederholen. Die Reihe endet: 1 M li, Randm.
2. Reihe: M str., wie sie erscheinen.
3. Reihe: Randm., ★ 1 M li, 2 M auf Hilfsnd. nehmen und vor
die Arbeit legen, die nächsten 2 M r zus.str., 2 Umschl., die
Hilfsnd.-M r zus.str. Ab ★ wiederholen. Die Reihe endet: 1 M
li, Randm.
4. Reihe: M str., wie sie erscheinen, aus den 2 Umschl. 1 M li,
1 M r str.
5.—8. Reihe wie 1. und 2. Reihe.
1.—8. Reihe fortlaufend wiederholen.

18
Strickmuster

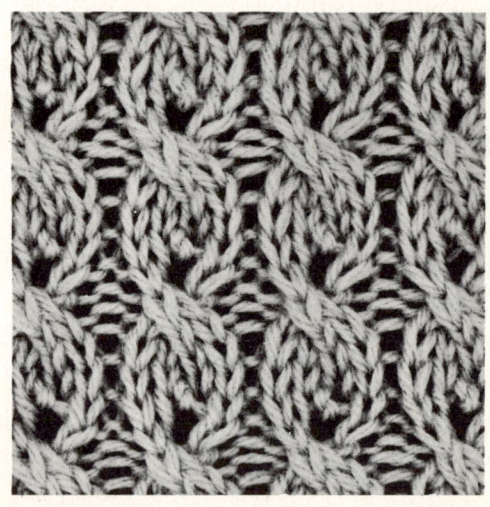

Muster mit verkreuzten Maschen

19
Strickmuster

Maschenzahl durch 10 teilbar und 2 Randmaschen.

1. Reihe: rechts.

2. Reihe: links.

3. Reihe: Randm., ★ 6 M r, 3 M von vorne übergehen und die folg. 4 M r str., dann die 1., 2. und 3. M r str. (die 4. M fallen lassen, da schon gestr.). Ab ★ wiederholen, Randm.

4. Reihe: links.

5. Reihe: rechts.

6. Reihe: links.

7. Reihe: Randm., 1 M r, ★ 3 M von vorne übergehen und die 4. M r str., dann die 1., 2. und 3. M r str., 6 M r. Ab ★ wiederholen. Die Reihe endet: 3 M von vorne übergehen und die 4. M r str., dann die 1., 2., 3. M r str., 5 M r, Randm.

8. Reihe: links.

Die 1.—8. Reihe fortlaufend wiederholen.

19
Strickmuster

20
Strickmuster

Maschenzahl durch 8 teilbar und 6 M.

1. Reihe: Randm., 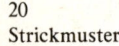 1 M auf Hilfsnd. nehmen und hinter die Arbeit legen, 1 M r, Hilfsnd.-M r, 1 M auf Hilfsnd. nehmen und vor die Arbeit legen, 1 M r, Hilfsnd.-M r, 4 M r. Ab ★ wiederholen. Die Reihe endet: 1 M auf Hilfsnd. nehmen und hinter die Arbeit legen, 1 M r, Hilfsnd.-M r, 1 M auf Hilfsnd. nehmen und vor die Arbeit legen, 1 M r, Hilfsnd.-M r, Randm.

2. Reihe: links.

3. Reihe: Randm., ★ 4 M r, 1 M auf Hilfsnd. nehmen und hinter die Arbeit legen, 1 M r, Hilfsnd.-M r, 1 M auf Hilfsnd. nehmen und vor die Arbeit legen, 1 M r, Hilfsnd.-M r. Ab ★ wiederholen. Die Reihe endet: 4 M r, Randm.

4. Reihe: links.

1.—4. Reihe fortlaufend wiederholen.

20
Strickmuster

Strickmuster

Maschenzahl durch 4 teilbar und 2 Randmaschen.

1. Reihe: Randm., ★2 M r, 2 M li. Ab ★ wiederholen, Randm.

2.—8. Reihe: M str., wie sie erscheinen.

9. Reihe: Randm., 1 M li, ★ folg. r M auf Hilfsnd. nehmen und vor die Arbeit legen, die nächste li M li str., Hilfsnd.-M r str. Die 2. li M auf Hilfsnd. hinter die Arbeit legen und folg. M r str., Hilfsnd.-M li. Ab ★ wiederholen. Die Reihe endet: 1 M auf Hilfsnd. vor die Arbeit legen, 1 M li, Hilfsnd.-M r, 1 M r, Randm.

10. Reihe: M str., wie sie erscheinen.

11. Reihe: Randm., ★ 2 M li, 2 M r. Ab ★ wiederholen, Randm.

12.—18. Reihe: M str., wie sie erscheinen.

19. Reihe: Randm., 1 M r, ★ folg. li M auf Hilfsnd. hinter die Arbeit legen, folg. M r, Hilfsnd.-M li, 2. r M auf Hilfsnd. vorlegen und nächste li M li str., Hilfsnd.-M r. Ab ★ wiederholen. Die Reihe endet: folg. li M auf Hilfsnd. hinter die Arbeit legen, nächste M r, Hilfsnd.-M li, 1 M li, Randm.

20. Reihe: M str., wie sie erscheinen.

1.—20. Reihe fortlaufend wiederholen.

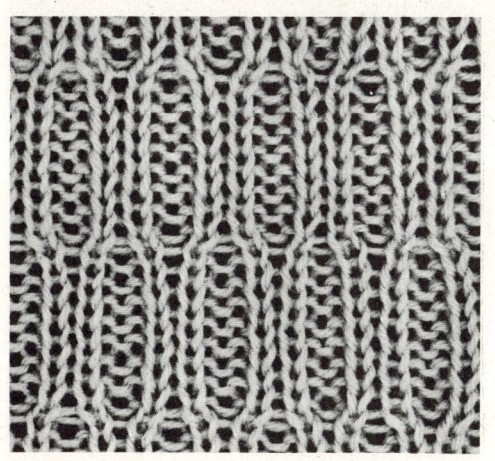

21
Strickmuster

Maschenzahl durch 12 teilbar und 2 Randmaschen.

1. Reihe: Randm., ★ 2 M li, 1 M r, 2 M li abh. (Fd. hinter den M), 1 M r, 2 M li, 1 M li abh. (Fd. hinten), 2 M r, 1 M li abh. Ab ★ wiederholen, Randm.

2. Reihe: M str., wie sie erscheinen, die abgeh. M wieder li abh. (Fd. vor den M).

3. Reihe wie 1. Reihe.

4. Reihe wie 2. Reihe.

5. Reihe: Randm., ★ 2 M li, die folg. 2 M nach rechts verkreuzen (dafür zuerst die 2. M von vorn, dann die 1. M r abstr. und nun erst beide M von der Nadel nehmen), die folg. 2 M nach links verkreuzen (zuerst die 2. M von hinten r abstr., dann die 1. M r str. und beide M von der Nadel nehmen), 2 M li, 2 M nach links verkreuzen, die folg. 2 M nach rechts verkreuzen und r abstr. Ab ★ wiederholen, Randm.

6. Reihe: Randm., ★ 4 M li, 2 M r. Ab ★ wiederholen, Randm.

7. Reihe: Randm., ★ 2 M li, 1 M li abh. (Fd. hinten), 2 M r, 1 M li abh. (Fd. hinten), 2 M li, 1 M r, 2 M li abh. (Fd. hinten), 1 M r. Ab ★ wiederholen, Randm.

22
Strickmuster

8. Reihe: Randm., ★1 M li, 2 M li abh. (Fd. vorn), 1 M li, 2 M r, 1 M li abh. (Fd. vorn), 2 M li, 1 M li abh. (Fd. vorn), 2 M r. Ab ★ wiederholen, Randm.

9. Reihe wie 7. Reihe.

10. Reihe wie 8. Reihe.

11. Reihe: Randm., ★2 M li, folg. 2 M nach links verkreuzen, nächste 2 M nach rechts verkreuzen und r abstr., 2 M li, folg. 2 M nach rechts, nächste 2 M nach links verkreuzen. Ab ★ wiederholen, Randm.

12. Reihe: Randm., ★ 4 M li, 2 M r. Ab ★ wiederholen, Randm.

1.—12. Reihe fortlaufend wiederholen.

23
Strickmuster

Maschenzahl durch 6 teilbar und 2 Randmaschen.

1. Reihe: Randm., 1 M r, ★4 M li, 2 M r. Ab ★ wiederholen. Die R endet: 4 M li, 1 M r, Randm.

2. Reihe: Randm., 1 M li, ★4 M r, 2 M li. Ab ★ wiederholen. Die R endet: 4 M r, 1 M li, Randm.

3. Reihe: Randm., ★ 1 M auf Hilfsnd. nehmen und vor die Arbeit legen, 1 M li, Hilfsnd.-M r, 2 M li, 1 M auf Hilfsnd. nehmen und hinter die Arbeit legen, 1 M r, Hilfsnd.-M li. Ab ★ wiederholen, Randm.

4. Reihe: Randm., 1 M r, ★1 M li abh. (Fd. vor der M), 2 M r. Ab ★ wiederholen. Die Reihe endet: 1 M li abh. (Fd. vor der M), 1 M r, Randm.

5. Reihe: Randm., 1 M li, ★1 M auf Hilfsnd. nehmen und vor die Arbeit legen, 1 M li, Hilfsnd.-M r, 1 M auf Hilfsnd. nehmen und hinter die Arbeit legen, 1 M r, Hilfsnd.-M li, 2 M li. Ab ★ wiederholen. Die Reihe endet: 1 M auf Hilfsnd. nehmen und vor die Arbeit legen, 1 M li, Hilfsnd.-M r, 1 M auf Hilfsnd. nehmen und hinter die Arbeit legen, 1 M r, Hilfsnd.-M li, 1 M li, Randm.

23 Strickmuster

6. Reihe: Randm., 2 M r, ★2 M li abh. (Fd. vor den M), 4 M r. Ab ★ wiederholen. Die Reihe endet: 2 M li abh. (Fd. vor den M), 2 M r, Randm.

7. Reihe: Randm., 2 M li, ★ 1 M auf Hilfsnd. nehmen und vor die Arbeit legen, 1 M r, Hilfsnd.-M r, 4 M li. Ab ★ wiederholen. Die Reihe endet: 1 M auf Hilfsnd. nehmen und vor die Arbeit legen, 1 M r, Hilfsnd.-M r, 2 M li, Randm.

8. Reihe: Randm., 2 M r, ★2 M li abh. (Fd. vor den M), 4 M r. Ab ★ wiederholen. Die Reihe endet: 2 M li abh. (Fd. vorne), 2 M r, Randm.

9. Reihe: Randm., 1 M li, ★ 1 M auf Hilfsnd. nehmen und hinter die Arbeit legen, 1 M r, Hilfsnd.-M li, 1 M auf Hilfsnd. nehmen und vor die Arbeit legen, 1 M li, Hilfsnd.-M r, 2 M li. Ab ★ wiederholen. Die Reihe endet: 1 M auf Hilfsnd. nehmen und hinter die Arbeit legen, 1 M r, Hilfsnd.-M li, 1 M auf Hilfsnd. nehmen und vor die Arbeit legen, 1 M li, Hilfsnd.-M r, 1 M li, Randm.

10. Reihe: Randm., 1 M r, ★ 1 M li abh. (Fd. vor der M), 2 M r. Ab ★ wiederholen. Die Reihe endet: 1 M li abh. (Fd. vorne), 1 M r, Randm.

11. Reihe: Randm., ★ 1 M auf Hilfsnd. nehmen und hinter die Arbeit legen, 1 M r, Hilfsnd.-M li, 2 M li, 1 M auf Hilfsnd. nehmen und vor die Arbeit legen, 1 M li, Hilfsnd.-M r. Ab ★ wiederholen, Randm.

12. Reihe: Randm., 1 M li abh. (Fd. vor der M), ★4 M r, 2 M li abh. (Fd. vor den M). Ab ★ wiederholen. Die Reihe endet: 4 M r, 1 M li abh. (Fd. vor der M), Randm.

13. Reihe: Randm., 1 M r ★4 M li, 1 M auf Hilfsnd. nehmen und vor die Arbeit legen, 1 M r, Hilfsnd.-M r. Ab ★ wiederholen. Die Reihe endet: 4 M li, 1 M r, Randm.

14. Reihe: Randm., 1 M li abh. (Fd. vor der M), ★4 M r, 2 M li abh. (Fd. vor den M). Ab ★ wiederholen. Die Reihe endet: 4 M r, 1 M li abh., Randm.

3.—14. Reihe fortlaufend wiederholen.

24
Strickmuster

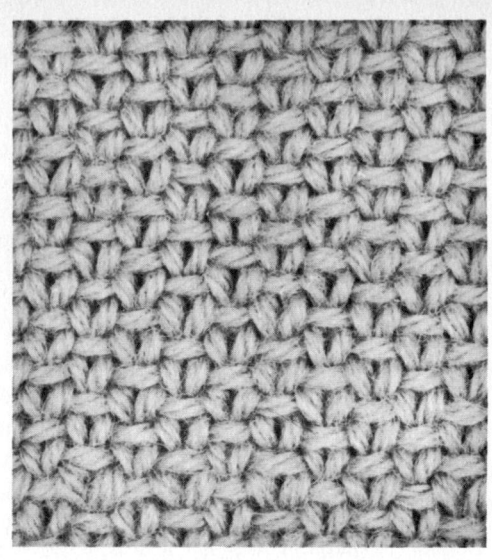

25
Strickmuster

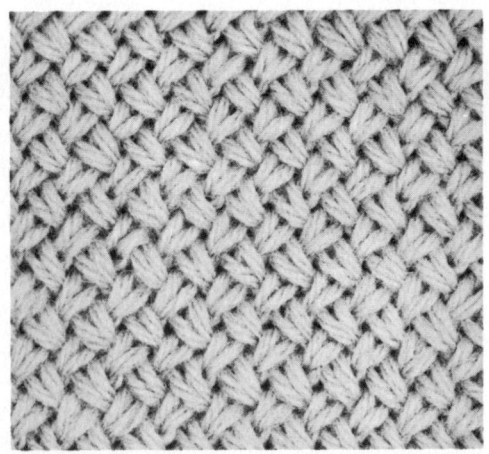

Web- und Flechtmuster

24
Strickmuster

Gerade Maschenzahl.
1. Reihe: Randm., ★ 1 M r, folg. M li abh. und den Fd. vor die Arbeit legen. Ab ★ wiederholen, Randm.
2. Reihe: Randm., ★ die abgeh. M der Vorreihe li str. und die gestr. M li abh. (den Fd. hinter die Arbeit legen). Ab ★ wiederholen, Randm.
Diese beiden Reihen fortlaufend wiederholen.

25
Strickmuster

Gerade Maschenzahl.
1. Reihe: Randm., ★ die nächsten 2 M verkreuzen wie folgt: 1. M auf Hilfsnd. nehmen und vor die Arbeit legen, 2. M r str., dann die Hilfsnd.-M r str. Ab ★ wiederholen, Randm.
2. Reihe: Randm., 1 M li, ★ die 2 folg. M verkreuzen, und zwar zuerst die 2. M li str. (M bleibt auf der linken Nadel), dann 1. M li str. und beide M zus. von der Nadel nehmen. Ab ★ wiederholen. Die Reihe endet: 1 M li, Randm.
Diese beiden Reihen fortlaufend str.
Geübte Hände können das Muster auch ohne Hilfsnadel arbeiten.

26
Strickmuster

27
Strickmuster

26
Strickmuster

Gerade Maschenzahl.
1. Reihe: rechts.
2. Reihe: Randm., ★ 1 M abh. (Fd. hinten), 1 M r. Ab ★ wiederholen, Randm.
3. Reihe: rechts.
4. Reihe: Randm., ★ 1 M r, 1 M abh. (Fd. hinten). Ab ★ wiederholen, Randm.
1.—4. Reihe fortlaufend wiederholen.

27
Strickmuster

Gerade Maschenzahl.
Dieses Muster soll lose gearbeitet werden.
1. Reihe: Randm., ★ zuerst die übernächste M r verdr. str. (von der Rückseite aus einstechen, ohne die 1. M von der Nadel zu nehmen), hochziehen und über die 1. M ziehen. Jetzt erst die 1. M r abstr. Ab ★ wiederholen, Randm.
2. Reihe: Randm., 1 M li, ★ zuerst die übernächste M li str., ohne die 1. M von der Nadel zu nehmen, überziehen wie oben, nun die 1. M li str. Ab ★ wiederholen. Die Reihe endet mit 1 M li, Randm.
1. und 2. Reihe fortlaufend wiederholen.

28
Strickmuster

Maschenzahl durch 9 teilbar und 2 Randmaschen.
1. Reihe: Randm., ★ 3 M r, die folg. 3 M auf Hilfsnd. nehmen und vor die Arbeit legen, 3 M r, Hilfsnd.-M r str. Ab ★ wiederholen, Randm.
2. Reihe: links.
3.—6. Reihe: »glatt rechts« (= Hinr. r., Rückr. li).
7. Reihe: Randm., ★ die folg. 3 M auf Hilfsnd. nehmen und hinter die Arbeit legen, 3 M r, Hilfsnd.-M r, 3 M r. Ab ★ wiederholen, Randm.
8. Reihe: links.
9.—12. Reihe: »glatt rechts«.
1.—12. Reihe fortlaufend wiederholen.

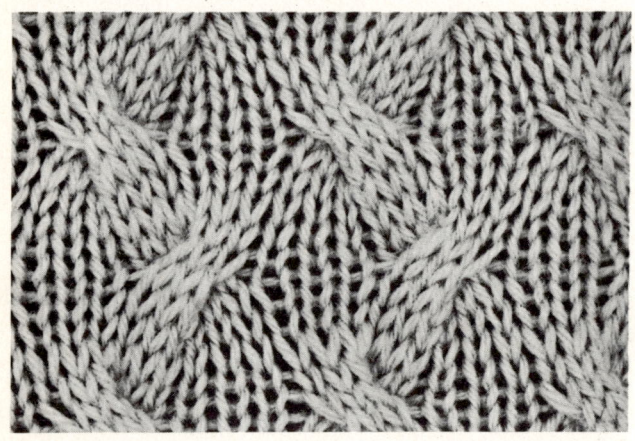

28   Strickmuster

Längsstreifenmuster

29
Strickmuster

Gerade Maschenzahl.
1. Reihe: Randm., ★ 1 M r, 1 M li. Ab ★ wiederholen, Randm.
2. Reihe: links.
1. und 2. Reihe fortlaufend wiederholen.

29
Strickmuster

30
Strickmuster

31
Strickmuster

32
Strickmuster

30
Strickmuster

Das Muster erscheint auf der linken Seite.
Gerade Maschenzahl.
1. Reihe: Randm., ★ 1 M r, 1 M li abh. (Fd. hinten). Ab ★ wiederholen, Randm.
2. Reihe: Randm., ★ 1 M r, 1 M li abh. (Fd. vorn). Ab ★ wiederholen, Randm.
1. und 2. Reihe fortlaufend wiederholen.

31
Strickmuster

Das Muster erscheint auf der linken Seite.
Maschenzahl durch 3 teilbar und 4 M (2 M und 2 Randm.).
1. Reihe: Randm., ★ 2 M r, 1 M mit Umschl. li abh. Ab ★ wiederholen, Randm.
2. Reihe: Randm., ★ die abgeh. M mit dem Umschl. r verdr. zus.str., 2 M r. Ab ★ wiederholen, Randm.
1. und 2. Reihe fortlaufend wiederholen.

32
Strickmuster

Maschenzahl durch 3 teilbar.
1. Reihe: Randm., ★ 1 M li, umschl., 2 M r verdr. zus.str. Ab ★ wiederholen. Die Reihe endet: 1 M li, Randm.
2. Reihe: Randm., ★ 1 M r, umschl., 2 M li zus.str. Ab ★ wiederholen. Die Reihe endet: 1 M r, Randm.
1. und 2. Reihe fortlaufend wiederholen.

33
Strickmuster

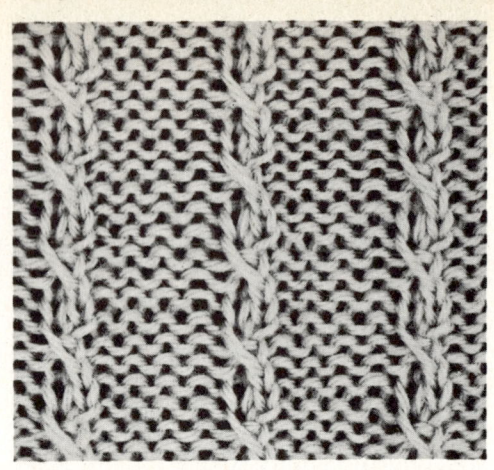

34
Strickmuster

33
Strickmuster

Maschenzahl durch 6 teilbar und 2 Randmaschen.
1. Reihe: Randm., 2 M li, ★ 1 M r, 5 M li. Ab ★ wiederholen.
Die Reihe endet: 1 M r, 3 M li, Randm.
2. Reihe: r M r str., li M li abh. (Fd. vorn).
3. Reihe: Randm., 2 M li, ★ aus der 2. M durch die Schlinge der 1. M 1 M r herausstr., dann die 1. M r verdr. str. und beide M von der Nadel gleiten lassen, 4 M li. Ab ★ wiederholen. Die Reihe endet: aus der folg. 2. M durch die Schlinge der 1. M 1 M r str., dann die 1. M r verdr. str. und beide M von der Nadel gleiten lassen, 2 M li, Randm.
4. Reihe: M str., wie sie erscheinen.
1.—4. Reihe fortlaufend wiederholen.

34
Strickmuster

Maschenzahl durch 8 teilbar und 2 Randmaschen.
1. Reihe: Randm.,★ 1 M r, 2 M li, 1 M li abh. (Fd. hinter der M), 2 M r, die abgeh. M über die beiden gestr. M ziehen und gleichzeitig r verdr. abstr., 2 M li. Ab ★ wiederholen, Randm.
2. Reihe: Randm., ★ 2 M r, 3 M li, 2 M r, 1 M li. Ab ★ wiederholen, Randm.
Diese beiden Reihen fortlaufend wiederholen.

35
Strickmuster

36
Strickmuster

35
Strickmuster

Maschenzahl durch 4 teilbar.

1. Reihe: Randm., ★ 2 M li, 1 Umschl., 1 M li abh., 1 M r. Ab ★ wiederholen. Die Reihe endet: 2 M li, Randm.

2. Reihe: Randm., ★ 2 M r, 1 Umschl., 1 M li abh., die folg. M mit dem Umschl. der Vorreihe li zus.str. Ab ★ wiederholen. Die Reihe endet: 2 M r, Randm.

3. Reihe: Randm., ★ 2 M li, 1 Umschl., 1 M li abh., die nächste M mit dem Umschl. der Vorreihe r zus.str. Ab ★ wiederholen. Die Reihe endet: 2 M li, Randm.

2. und 3. Reihe fortlaufend wiederholen.

36
Strickmuster

Maschenzahl durch 8 teilbar und 2 Randmaschen.

1. Reihe: Randm., 4 M r, ★ 1 M li, 7 M r. Ab ★ wiederholen. Die Reihe endet: 1 M li, 3 M r, Randm.

2. Reihe: Randm., ★ 2 M li, 3 M r, 2 M li, 1 M r. Ab ★ wiederholen, Randm.

3. Reihe: Randm., 2 M r, ★ 2 M li, 1 M r, 2 M li, 3 M r. Ab ★ wiederholen. Die Reihe endet: 2 M li, 1 M r, 2 M li, 1 M r, Randm.

4. Reihe: Randm., 2 M r, ★ 3 M li, 5 M r. Ab ★ wiederholen. Die Reihe endet: 3 M li, 3 M r, Randm.

5. Reihe: Randm., ★ 1 M r, 1 M li, 5 M r, 1 M li. Ab ★ wiederholen, Randm.

6. Reihe: Randm., ★ 7 M li, 1 M r. Ab ★ wiederholen, Randm.

1.—6. Reihe fortlaufend wiederholen.

37
Strickmuster
Vorderseite

Rückseite

38
Strickmuster

Schrägstreifenmuster

37
Strickmuster

Maschenzahl durch 4 teilbar und 2 Randmaschen.
1. Reihe: Randm., ★ 1 M li, 3 M r. Ab ★ wiederholen, Randm.
2. Reihe (Rückreihe): Randm., 2 M li, ★ 1 M r, 3 M li. Ab ★ wiederholen; die Reihe endet mit 1 M r, 1 M li, Randm.
3. Reihe: Randm., 2 M r, ★ 1 M li, 3 M r. Ab ★ wiederholen; die Reihe endet mit 1 M li, 1 M r, Randm.
4. Reihe: Randm., ★ 1 M r, 3 M li. Ab ★ wiederholen, Randm.
1.—4. Reihe fortlaufend wiederholen.
Das Muster ist rechts und links verwendbar.

38
Strickmuster

Maschenzahl durch 4 teilbar und 2 Randmaschen.
1. Reihe (Rückr.): Randm., ★ 2 M r, 2 M li abh. (Fd. vor den M). Ab ★ wiederholen, Randm.
2. Reihe (Hinr.): Randm., ★ 2 M r, 2 M li. Ab ★ wiederholen, Randm.
3. Reihe: Randm., 1 M li abh. (Fd. vor der M), ★ 2 M r, 2 M li abh. (Fd. vor den M). Ab ★ wiederholen. Die Reihe endet mit 2 M r, 1 M li abh. (Fd. vor der M), Randm.
4. Reihe: Randm., 1 M r, ★ 2 M li, 2 M r. Ab ★ wiederholen. Die Reihe endet mit 2 M li, 1 M r, Randm.
5. Reihe: Randm., ★ 2 M li abh. (Fd. vor den M), 2 M r. Ab ★ wiederholen, Randm.
6. Reihe: Randm., ★ 2 M li, 2 M r. Ab ★ wiederholen, Randm.
7. Reihe: Randm., 1 M r, ★ 2 M li abh. (Fd. vor den M), 2 M r. Ab ★ wiederholen. Die Reihe endet mit 2 M li abh. (Fd. vor den M), 1 M r, Randm.
8. Reihe: Randm., 1 M li, ★ 2 M r, 2 M li. Ab ★ wiederholen. Die R endet mit 2 M r, 1 M li, Randm.
1.—8. Reihe fortlaufend wiederholen.

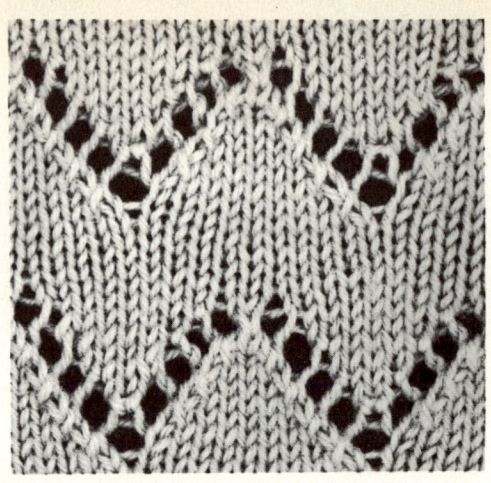

Typenmuster

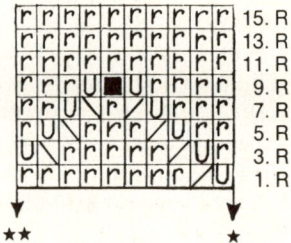

★★   ★

Lochmuster

39
Strickmuster

Maschenzahl durch 10 teilbar und 2 Randmaschen.

1. Reihe: Randm., ★ 1 Umschl., 2 M r zus.str., 8 M r. Ab ★ wiederholen, Randm.

2. Reihe und jede weitere Rückreihe: alle M, auch die Umschl., li str.

3. Reihe: Randm., ★ 1 M r, 1 Umschl., 2 M r zus.str., 5 M r, 1 M r abh., 1 M r str. und die abgeh. M überz., 1 Umschl. Ab ★ wiederholen, Randm.

5. Reihe: Randm., ★ 2 M r, 1 Umschl., 2 M r zus.str., 3 M r, 1 M r abh., 1 M r str. und die abgeh. M überz., 1 Umschl., 1 M r. Ab ★ wiederholen, Randm.

7. Reihe: Randm., ★ 3 M r, 1 Umschl., 2 M r zus.str., 1 M r, 1 M r abh., 1 M r str. und die abgeh. M überz., 1 Umschl., 2 M r. Ab ★ wiederholen, Randm.

9. Reihe: Randm., ★ 4 M r, 1 Umschl., 2 M zus. r abh., 1 M r str. und die abgeh. M überz., 1 Umschl., 3 M r. Ab ★ wiederholen, Randm.

11.—16. Reihe: »glatt rechts« (= Hinr. r, Rückr. li).

1.—16. Reihe fortlaufend wiederholen.

Nach dem Typenmuster arb. man in den Hinreihen fortlaufend von ★ bis ★★.

In den Rückreihen alle M, auch die Umschläge, li str.

1.—16. Reihe fortlaufend wiederholen.

Zeichenerklärung siehe Seite 245 f.

Typenmuster

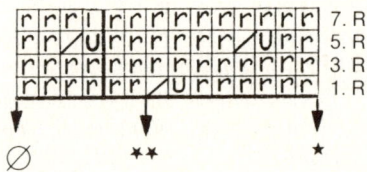

Strickmuster

Maschenzahl durch 8 teilbar.

1. Reihe: Randm., ★ 6 M r, 1 Umschl., 2 M r zus.str. Ab ★
wiederholen. Die Reihe endet mit 6 M r, Randm.

2. Reihe: alle M, auch die Umschl., li str.

3. Reihe: r.

4. Reihe: li.

5. Reihe: Randm., 2 M r, ★ 1 Umschl., 2 M r zus.str., 6 M r.
Ab ★ wiederholen. Die Reihe endet mit 1 Umschl., 2 M r zus.-
str., 2 M r, Randm.

6. Reihe wie die 2. Reihe.

7. Reihe: r.

8. Reihe: li.

1.—8. Reihe fortlaufend wiederholen.

Wird nach dem Typenmuster gearbeitet, beg. und endet man
mit 1 Randm., strickt in den Hinreihen fortlaufend von ★ bis
★ und 1mal von ★★ bis ∅. In den Rückreihen alle M, auch
die Umschl., li str.

1.—8. Reihe fortlaufend wiederholen.

Zeichenerklärung siehe Seite 245 f.

41
Strickmuster

Typenmuster

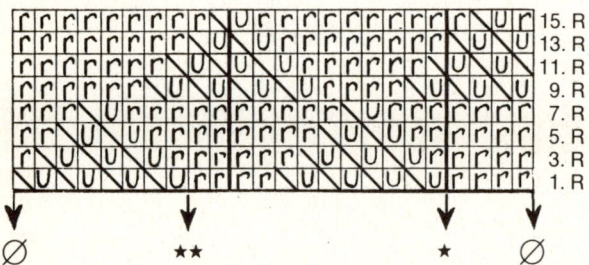

15. R
13. R
11. R
9. R
7. R
5. R
3. R
1. R

∅ ★★ ★ ∅

Maschenzahl durch 12 teilbar und 2 Randmaschen.

1. Reihe: Randm., ★ 4 M r, umschl., 1 M abh., 1 M r und die abgehobene M überziehen, umschl., 1 M abh., 1 M r und die abgehobene M überziehen, umschl., 1 M abh., 1 M r und die abgehobene M überziehen, umschl., 1 M abh., 1 M r und die abgehobene M überziehen. Ab ★ wiederholen, Randm.

2. Reihe und jede weitere Rückreihe: alle M, auch die Umschl., li str.

3. Reihe: Randm., 5 M r, ★ umschl., 1 M abh., 1 M r und die abgehobene M überziehen, umschl., 1 M abh., 1 M r und die abgehobene M überziehen, umschl., 1 M abh., 1 M r und die abgehobene M überziehen, 6 M r. Ab ★ wiederholen. Die Reihe endet: umschl., 1 M abh., 1 M r und die abgehobene M überziehen, umschl., 1 M abh., 1 M r und die abgeh. M überz., umschl., 1 M abh., 1 M r und die abgeh. M überz., 1 M r, Randm.

5. Reihe: Randm., 6 M r, ★ umschl., 1 M abh., 1 M r und die abgehobene M überziehen, umschl., 1 M abh., 1 M r und die abgehobene M überziehen, 8 M r. Ab ★ wiederholen. Die Reihe endet: umschl., 1 M abh., 1 M r und die abgeh. M überz., umschl., 1 M abh., 1 M r und die abgeh. M überz., 2 M r, Randm.

7. Reihe: Randm., 7 M r, ★ umschl., 1 M abh., 1 M r und die abgehobene M überziehen, 10 M r. Ab ★ wiederholen. Die Reihe endet: umschl., 1 M abh., 1 M r und die abgeh. M überz., 3 M r, Randm.

8. Reihe: alle M, auch die Umschl., li str.

9.—16. Reihe wie 1.—8. Reihe, jedoch das Muster versetzen. Die 9. Reihe beginnt also: Randm., dann 3mal 1 Umschl., 1 M abh., 1 M r und die abgeh. M überziehen, 4 M r usw.

1.—16. Reihe fortlaufend wiederholen.

Nach dem Typenmuster arb. man in den Hinreihen 1mal von ∅ bis ★, fortlaufend von ★ bis ★★ und 1mal von ★★ bis ∅.

In den Rückreihen alle M, auch die Umschl., li str.

1.—16. Reihe fortlaufend wiederholen.

Zeichenerklärung siehe Seite 245 f.

Typenmuster

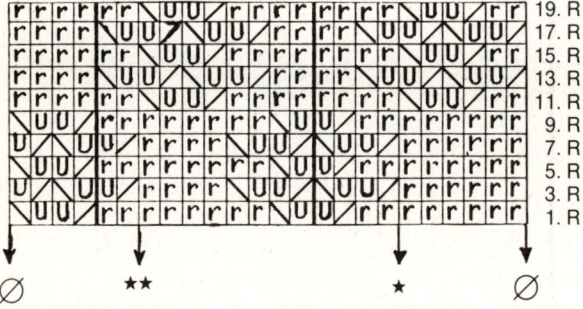

| | | | | | | | | | | | | | | | | | | | | | | | | |
19. R
17. R
15. R
13. R
11. R
9. R
7. R
5. R
3. R
1. R

∅   ★★   ★   ∅

Maschenzahl durch 12 teilbar und 2 Randmaschen.

1. Reihe: Randm., ★ 8 M r, 2 M r zus.str., 2mal umschl., 1 M abh., 1 M r str. und die abgeh. M überziehen. Ab ★ wiederholen, Randm.

2. Reihe und jede weitere Rückreihe: links; alle Umschl. werden 1 M r, 1 M li gestr.

3. Reihe: Randm., 6 M r, ★ 2 M r zus.str., 2mal umschl., 1 M abh., 1 M r str. und die abgehobene M überziehen, 2 M r zus.-str., 2mal umschl., 1 M abh., 1 M r str. und die abgehobene M überziehen, 4 M r. Ab ★ wiederholen. Die Reihe endet: 2 M r zus.str., 2mal umschl., 1 M abh., 1 M r str. und die abgehobene M überziehen, 2 M r zus.str., 1mal umschl., Randm.

5. Reihe wie die 1. Reihe. 7. Reihe wie die 3. Reihe. 9. Reihe wie die 1. Reihe.

11. Reihe: Randm., 2 M r, ★ 2 M r zus.str., 2mal umschl., 1 M abh., 1 M r str. und die abgehobene M überziehen, 8 M r. Ab ★ wiederholen. Die Reihe endet: 2 M r zus.str., 2mal umschl., 1 M abh., 1 M r str. und die abgehobene M überziehen, 6 M r, Randm.

13. Reihe: Randm., ★ 2 M r zus.str., 2mal umschl., 1 M abh., 1 M r str. und die abgehobene M überziehen, 2 M r zus.str., 2mal umschl., 1 M abh., 1 M r str. und die abgehobene M überziehen, 4 M r. Ab ★ wiederholen, Randm.

15. Reihe wie die 11. Reihe.

17. Reihe wie die 13. Reihe.

19. Reihe wie die 11. Reihe.

1.—20. Reihe fortlaufend wiederholen.

Nach dem Typenmuster arbeitet man in den Hinreihen 1mal von ∅ bis ★, fortlaufend von ★ bis ★★ und 1mal von ★★ bis ∅.

In den Rückreihen alle M li str., aus dem doppelten Umschlag jeweils 1 M r, 1 M li str.

1.—20. Reihe fortlaufend wiederholen.

Zeichenerklärung siehe Seite 245 f.

43
Strickmuster

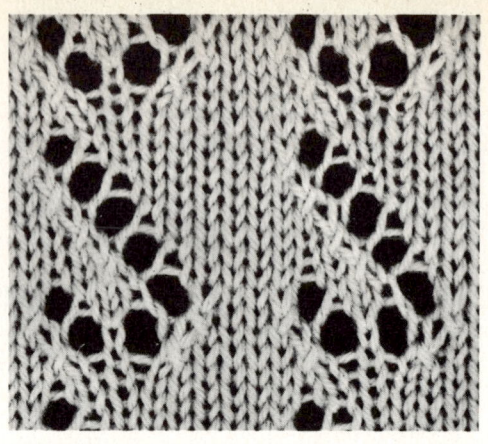

Typenmuster

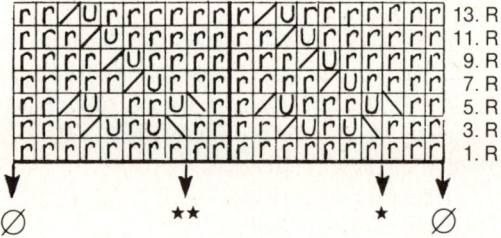

43
Strickmuster

Maschenzahl durch 9 teilbar und 4 M (2 M und 2 Randma-schen).

1. Reihe: r.

2. Reihe: li.

3. Reihe: Randm., 3 M r, ★ 1 M abh., 1 M r und die abgeh. M überz., 1 Umschl., 1 M r, 1 Umschl., 2 M r zus.str., 4 M r. Ab ★ wiederholen. Die Reihe endet mit 1 M abh., 1 M r und die abgeh. M überz., 1 Umschl., 1 M r, 1 Umschl., 2 M r zus.str., 3 M r, Randm.

4. Reihe und jede weitere Rückreihe: alle M, auch die Umschl., li str.

5. Reihe: Randm., ★ 2 M r, 1 M abh., 1 M r und die abgeh. M überz., 1 Umschl., 3 M r, 1 Umschl., 2 M r zus.str. Ab ★ wie-derholen. Die Reihe endet mit 2 M r, Randm.

7. Reihe: Randm., 4 M r, ★ 1 Umschl., 2 M r zus.str., 7 M r. Ab ★ wiederholen. Die Reihe endet mit 1 Umschl., 2 M r zus.-str., 5 M r, Randm.

9. Reihe: Randm., 5 M r, ★ 1 Umschl., 2 M r zus.str., 7 M r. Ab ★ wiederholen. Die Reihe endet mit 1 Umschl., 2 M r zus.-str., 4 M r, Randm.

11. Reihe: Randm., 6 M r, ★ 1 Umschl., 2 M r zus.str., 7 M r. Ab ★ wiederholen. Die Reihe endet mit 1 Umschl., 2 M r zus.-str., 3 M r, Randm.

13. Reihe: Randm., ★ 7 M r, 1 Umschl., 2 M r zus.str. Ab ★ wiederholen. Die Reihe endet mit 2 M r, Randm.

14. Reihe: alle M, auch die Umschl., li str.

1.—14. Reihe fortlaufend wiederholen.

Nach dem Typenmuster strickt man in den Hinreihen 1mal von ⌀ bis ★, dann fortlaufend von ★ bis ★★ und 1mal von ★★ bis ⌀.

In den Rückreihen alle M, auch die Umschl., li str.

1.—14. Reihe fortlaufend wiederholen.

Zeichenerklärung siehe Seite 245 f.

Typenmuster

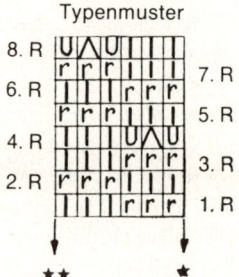

44

Strickmuster

Maschenzahl durch 6 teilbar und 2 Randmaschen.

1. Reihe: Randm., ★3 M r, 3 M li. Ab ★wiederholen, Randm.

2. Reihe: M str., wie sie erscheinen.

3. Reihe wie die 1. Reihe.

4. Reihe: Randm., ★3 M li, umschl., 1 M li abh., 2 M r verdr. zus.str. und die abgehobene M überziehen, umschl. Ab ★wiederholen, Randm.

5. Reihe: Randm., ★3 M li, 3 M r. Ab ★wiederholen, Randm.

6. Reihe: M str., wie sie erscheinen.

7. Reihe wie die 5. Reihe.

8. Reihe: Randm., ★ umschl., 1 M li abh., 2 M r verdr. zus.str. und die abgehobene M überziehen, umschl., 3 M li. Ab ★wiederholen, Randm.

1.—8. Reihe fortlaufend wiederholen.

Nach dem Typenmuster strickt man in den Hinreihen fortlaufend von ★ bis ★★ und in den Rückreihen fortlaufend von ★★ bis ★.

1.—8. Reihe fortlaufend wiederholen.

Zeichenerklärung siehe Seite 245 f.

45
Strickmuster

46
Strickmuster

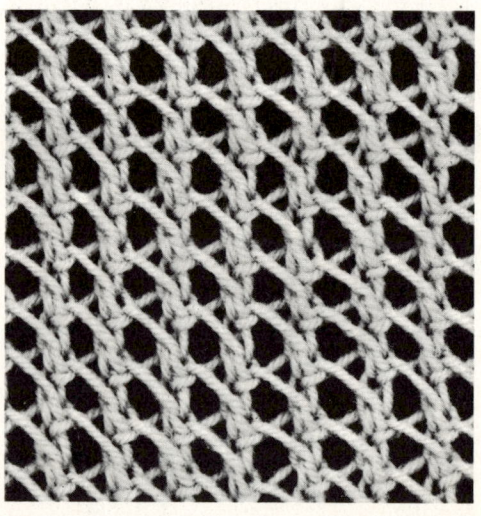

45
Strickmuster

Maschenzahl durch 3 teilbar und 2 Randmaschen.
1. Reihe: Randm., 2 M r, ★ umschl., 3 M r, die erste der 3
Rechtsmaschen über die folgenden 2 Rechtsmaschen ziehen.
Ab ★ wiederholen; die Reihe endet mit 1 M r, Randm.
2. Reihe: alle M, auch die Umschl., li str.
3. Reihe: Randm., 1 M r, ★ 3 M r, die erste der 3 Rechtsmaschen über die folgenden 2 Rechtsmaschen ziehen, umschl. Ab
★ wiederholen; die Reihe endet mit 2 M r, Randm.
4. Reihe: alle M, auch die Umschl., li str.
1.—4. Reihe fortlaufend wiederholen.

46
Strickmuster

Gerade Maschenzahl.
1. Reihe: 1 M r, ★ 1 Umschl., 1 M abh., 1 M r verdr. und die
abgeh. M überz. Ab ★ wiederholen. Die Reihe endet mit 1 M r.
2. Reihe: 2 M li, ★ 1 Umschl., 1 M abh., 1 M li str. und die
abgeh. M überziehen. Ab ★ wiederholen.
1. und 2. Reihe fortlaufend wiederholen.

47
Strickmuster

Maschenzahl durch 6 teilbar und 7 M (5 M und 2 Randmaschen).

1. Reihe: links.
2. Reihe: rechts.
3. Reihe: Randm., 5 M li, ★ umschl., 1 M r, umschl., 5 M li.
Ab ★ wiederholen, Randm.
4. Reihe: Randm., ★ 5 M r, 3 M li. Ab ★ wiederholen. Die
Reihe endet: 5 M r, Randm.
5. Reihe: Randm., ★ 5 M li, 3 M r. Ab ★ wiederholen. Die
Reihe endet: 5 M li, Randm.
6. Reihe: Randm., ★ 5 M r, 3 M li zus.str. Ab ★ wiederholen.
Die Reihe endet: 5 M r., Randm.
7. Reihe: links.
8. Reihe: rechts.
9. Reihe: Randm., 2 M li, ★ umschl., 1 M r, umschl., 5 M li.
Ab ★ wiederholen. Die Reihe endet: umschl., 1 M r, umschl., 2
M li, Randm.
10. Reihe: Randm., 2 M r, ★ 3 M li, 5 M r. Ab ★ wiederholen.
Die Reihe endet: 3 M li, 2 M r, Randm.
11. Reihe: Randm., 2 M li, ★ 3 M r, 5 M li. Ab ★ wiederholen.
Die Reihe endet: 3 M r, 2 M li, Randm.
12. Reihe: Randm., 2 M r, ★ 3 M li zus.str., 5 M r. Ab ★ wiederholen. Die Reihe endet: 3 M li zus.str., 2 M r, Randm.
1.—12. Reihe fortlaufend wiederholen.

Maschenzahl durch 8 teilbar und 6 M und 2 Randmaschen.

1. Reihe: Randm., 6 M r, ★ 2 M li abh. (der Faden liegt hinter den M), 6 M r. Ab ★ wiederholen, Randm.

2. Reihe: links; die abgehobenen M wieder li abh., der Faden liegt jedoch vor den M.

3. Reihe: Randm., 4 M r, ★ die folgenden 2 M auf Hilfsnadel nehmen und hinter die Arbeit legen, die 1. abgehobene M r str., dann die Hilfsnadel-M r zus.str., 1 Umschl., die 2. abgehobene M auf Hilfsnadel nehmen und vor die Arbeit legen, 2 M r zus.str., dann die Hilfsnadel-M r str., 2 M r. Ab ★ wiederholen. Die Reihe endet: 2 M auf Hilfsnadel hinter die Arbeit legen, die 1. abgeh. M r str., dann die Hilfsnadel-Maschen r zus.str., 1 Umschl., die 2. abgehobene M auf Hilfsnadel nehmen und vor die Arbeit legen, 2 M r zus.str., dann die Hilfsnadel-M r str., 4 M r, Randm.

4. Reihe: links, dabei aus jedem Umschl. 1 li M und 1 r M herausstr.

5. Reihe: Randm., 2 M r, ★ 2 M li abh. (der Faden liegt hinter den M), 6 M r. Ab ★ wiederholen. Die Reihe endet: 2 M li abheben (Fd. hinten), 2 M r, Randm.

6. Reihe: links; die abgehobenen M wieder li abh., der Faden liegt jedoch vor den M.

7. Reihe: Randm., ★ die folgenden 2 M auf Hilfsnadel nehmen und hinter die Arbeit legen, die 1. abgehobene M r str., dann die Hilfsnadel-M r zus.str., 1 Umschl., die 2. abgehobene M auf Hilfsnadel nehmen und vor die Arbeit legen, 2 M r zus.str., dann die Hilfsnadel-M r str., 2 M r. Ab ★ wiederholen. Die Reihe endet: 2 M auf Hilfsnadel hinter die Arbeit legen, die 1. abgehobene M r str., dann die Hilfsnadel-M r zus.str., 1 Umschl., die 2. abgehobene M auf Hilfsnadel nehmen und vor die Arbeit legen, 2 M r zus.str., dann die Hilfsnadel-M r str., Randm.

8. Reihe: li, dabei aus jedem Umschl. 1 li M und 1 r M herausstr.

1.—8. Reihe fortlaufend wiederholen.

48 Strickmuster

Nach dem Typenmuster arbeitet man in den Hinreihen 1mal von ∅ bis ★, fortlaufend von ★ bis ★★ und 1mal von ★★ bis ∅.

In den Rückreihen 1mal von ∅ bis ★★, fortlaufend von ★★ bis ★ und 1mal von ★ bis ∅.

In 4. und 8. Reihe str. man jeweils aus dem Umschl. 1 M li, 1 M r.

1.—8. Reihe fortlaufend wiederholen.

Zeichenerklärung siehe Seite 245 f.

Typenmuster

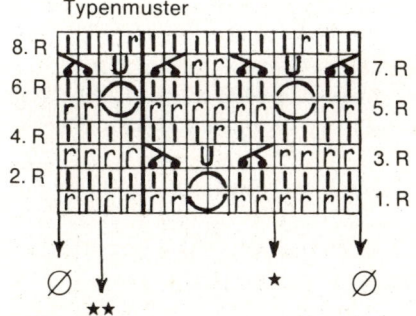

101

49 Strickmuster

49
Strickmuster

Maschenzahl durch 14 teilbar.

1. Reihe: Randm., ★ 4 M r verdr., 2 M r zus.str., 2 Umschl.,
1 M abh., 1 M r und die abgeh. M überz., 4 M r verdr., 2 M r.
Ab ★ wiederholen. Die Reihe endet: 4 M r verdr., 2 M r zus.-
str., 2 Umschl., 1 M abh., 1 M r str. und die abgeh. M überz.,
4 M r verdr., Randm.

2. Reihe: Randm., 3 M li, ★ 2 M li verdr. zus.str., 2 Umschl.,
die Umschl. der 1. R von der Nadel lassen, 2 M li zus.str., 8 M
li. Ab ★ wiederholen. Die Reihe endet: 2 M li verdr. zus.str.,
2 Umschl., die Umschl. der 1. R. von der Nd. lassen, 2 M li
zus.str., 3 M li, Randm.

3. Reihe: Randm., 2 M r, ★ 2 M r zus.str., 2 Umschl., die Um-schl. der 2. R herunterlassen, 1 M abh., 1 M r und die abgeh. M überz., 6 M r. Ab ★ wiederholen. Die Reihe endet: 2 M r zus.str., 2 Umschl., die Umschl. der 2. R herunterlassen, 1 M abh., 1 M r und die abgeh. M überz., 2 M r, Randm.

4. Reihe: Randm., 1 M li, ★ 2 M li verdr. zus.str., 2 Umschl., die Umschl. der 3. Reihe herunterlassen, 2 M li zus.str., 4 M li. Ab ★ wiederholen. Die Reihe endet: 2 M li verdr. zus.str., 2 Umschl., die Umschl. der 3. Reihe herunterlassen, 2 M li zus.-str., 1 M li, Randm.

5. Reihe: Randm., ★ 2 M r zus.str., 2 Umschl., die Umschl. der 4. Reihe herunterlassen, 1 M abh., 1 M r und die abgeh. M überz., 2 M r. Ab ★ wiederholen. Die Reihe endet: 2 M r zus.-str., 2 Umschl., die Umschl. der 4. R herunterlassen, 1 M abh., 1 M r und die abgeh. M überz., Randm.

6. Reihe: Randm., 1 M li, ★ 4 Umschl., die Umschl. der 5. R herunterlassen, die 5 Fäden der Vorreihen zus.str., zuerst li, dann r, 4 Umschl., 4 M li. Ab ★ wiederholen. Die Reihe endet: 4 Umschl., die Umschl. der 5. R herunterlassen, die 5 Fäden der Vorreihe zuerst li, dann r zus.str., 4 Umschl., 1 M li, Randm.

7. Reihe: Randm., 1 M r, ★ aus den Umschl. 4 M r verdr. str., 2 M r, 4 M r verdr., 2 M r zus.str., 2 Umschl., 1 M abh., 1 M r und die abgeh. M überz. Ab ★ wiederholen. Die Reihe endet: 4 M r verdr. str., 2 M r, 4 M r verdr., 1 M r, Randm.

8. Reihe: Randm., 2 Umschl., ★ 2 M li zus.str., 8 M li, 2 M li verdr. zus.str., 2 Umschl. und die Umschl. der 7. R herunter-lassen. Ab ★ wiederholen. Die Reihe endet: 2 M li zus.str., 8 M li, 2 M li verdr. zus.str., 2 Umschl., Randm.

9. Reihe: Randm., ★ 2 Umschl., die Umschl. der 8. R herun-terlassen, 1 M abh., 1 M r und die abgeh. M überz., 6 M r, 2 M r zus.str. Ab ★ wiederholen. Die Reihe endet: 2 Umschl., die Umschl. der 8. Reihe fallen lassen, Randm.

10. Reihe: Randm., ★ 2 Umschl., die Umschl. der 9. Reihe herunterlassen, 2 M li zus.str., 4 M li, 2 M li verdr. zus.str. Ab ★ wiederholen. Die Reihe endet: 2 Umschl., die Umschl. der 9. Reihe fallen lassen, Randm.

11. Reihe: Randm., ★ 2 Umschl., die Umschl. der 10. Reihe herunterlassen, 1 M abh., 1 M r und die abgeh. M überz., 2 M r, 2 M r zus.str. Ab ★ wiederholen. Die Reihe endet: 2 Umschl., die Umschl. der 10. Reihe fallen lassen, Randm.

12. Reihe: Randm., ★ die Umschl. der 11. Reihe herunterlassen, die 5 Fäden der Vorreihen zus.str., zuerst li, dann r, 4 Umschl., 4 M li, 4 Umschl. Ab ★ wiederholen. Die Reihe endet: die 5 Fäden der Vorreihen zus.str., zuerst li, dann r, Randm.

1.—12. Reihe fortlaufend wiederholen, jedoch beginnen die folgenden Mustersätze:

1. Reihe: Die Randm. mit den 2 ersten M zus.str., dann wie 1. Reihe. Am Schluß der Nadel werden die beiden letzten M wieder mit der Randm. abgeh. und dann mit ihr zus.gestr.

Nach dem Typenmuster arb. man in den Hinreihen 1mal von ∅ bis ★, fortlaufend von ★ bis ★★ und 1mal von ★★ bis ∅. In den Rückreihen str. man 1mal von ∅ bis ★★, dann fortlaufend von ★★ bis ★ und 1mal von ★ bis ∅. Die freien Quadrate haben keine Bedeutung.

2.—13. Reihe fortlaufend wiederholen.

Zeichenerklärung siehe Seite 245 f.

Typenmuster

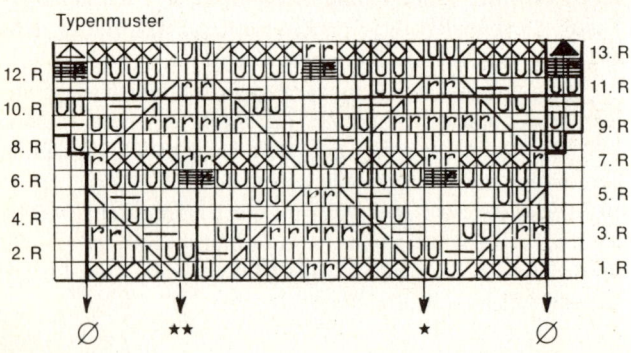

50
Strickmuster

Maschenzahl durch 5 teilbar und 2 Randmaschen.
1. Reihe: rechts.
2. Reihe: links.
3. Reihe: Randm., ★ aus der folg. M 4 M herausstr., und zwar
1 r M, 1 li M, 1 r M, 1 li M, dann 4 M r. Ab ★ wiederholen,
Randm.
4. Reihe: links.
5. Reihe: Randm., ★ 4 M r, die folg. 4 M r zus.str. Ab ★ wiederholen, Randm.
6. Reihe: links.
7. Reihe: Randm., ★ 4 M r, aus der nächsten M 4 M herausstr., wie in der 3. Reihe beschrieben. Ab ★ wiederholen,
Randm.
8. Reihe: links.
9. Reihe: Randm., ★ 4 M r zus.str., 4 M r. Ab ★ wiederholen,
Randm.
10. Reihe: links.
3.—10. Reihe fortlaufend wiederholen.

50
Strickmuster

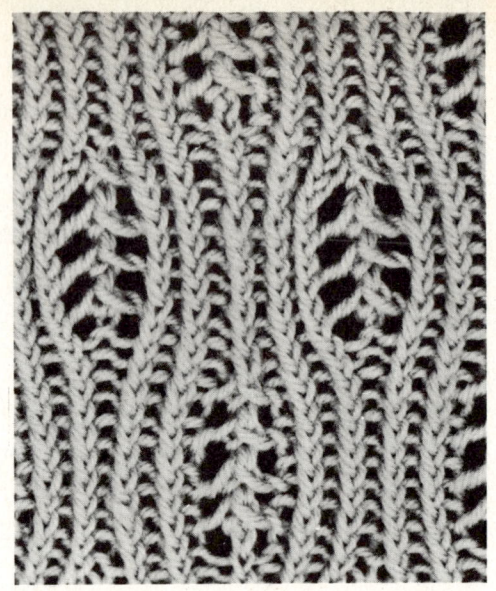

Strickmuster

Maschenzahl durch 10 teilbar und 3 M (1 M und 2 Randmaschen).

1. Reihe: Randm., ★ 1 M r verdr., 1 M li, 1 Umschl., 1 M li,
1 Umschl., 1 M li, 1 M r verdr., 1 M li, 1 M r verdr., 1 M li,
1 M r verdr., 1 M li. Ab ★ wiederholen. Die Reihe endet mit
1 M r verdr., Randm.

2. Reihe: Randm., 1 M li verdr., ★ 1 M r, 1 M li verdr., 1 M r,
1 M li verdr., 1 M r, 1 M li verdr., 1 M r, 3 M li, 1 M r, 1 M li
verdr. Ab ★ wiederholen, Randm.

3. Reihe: Randm., ★ 1 M r verdr., 1 M li, 1 Umschl., 1 M abh.
(Faden hinter der Arbeit), 2 M r zus.str. und die abgeh. M
überz., 1 Umschl., 1 M li, 1 M r verdr., 1 M li, 1 M r verdr.,
1 M li, 1 M r verdr., 1 M li. Ab ★ wiederholen. Die Reihe endet
mit 1 M r verdr., Randm.

4. Reihe wie 2. Reihe. 5. Reihe wie 3. Reihe.

6. Reihe wie 2. Reihe. 7. Reihe wie 3. Reihe.

8. Reihe wie 2. Reihe.

9. Reihe: Randm., ★ 1 M r verdr., 1 M li, 1 M abh. (Faden
hinter der Arbeit), 2 M r zus.str. und die abgeh. M überz., 1 M
li, 1 M r verdr., 1 M li, 1 M r verdr., 1 M li, 1 M r verdr., 1 M li.
Ab ★ wiederholen. Die Reihe endet mit 1 M r verdr., Randm.

10. Reihe: Randm., 1 M li verdr., ★ 1 M r, 1 M li verdr., 1 M
r, 1 M li verdr., 1 M r, 1 M li verdr., 1 M r, 1 M li, 1 M r, 1 M
li verdr. Ab ★ wiederholen, Randm.

11. Reihe: Randm., ★ 1 M r verdr., 1 M li, 1 M r verdr., 1 M
li, 1 M r verdr., 1 M li, 1 M r verdr., 1 Umschl., 1 M li, 1 Umschl., 1 M r verdr., 1 M li. Ab ★ wiederholen. Die Reihe endet
mit 1 M r verdr., Randm.

12. Reihe: Randm., 1 M li verdr., ★ 1 M r, 1 M li verdr., 3 M
li, 1 M li verdr., 1 M r, 1 M li verdr., 1 M r, 1 M li verdr., 1 M
r, 1 M li verdr. Ab ★ wiederholen, Randm.

13. Reihe: Randm., ★ 1 M r verdr., 1 M li, 1 M r verdr., 1 M
li, 1 M r verdr., 1 M li, 1 M r verdr., 1 Umschl., 1 M abh., 2 M
r zus.str. und die abgeh. M überz., 1 Umschl., 1 M r verdr.,

1 M li. Ab ★ wiederholen. Die Reihe endet mit 1 M r verdr., Randm.

14. Reihe wie 12. Reihe. 15. Reihe wie 13. Reihe.

16. Reihe wie 12. Reihe. 17. Reihe wie 13. Reihe.

18. Reihe wie 12. Reihe.

19. Reihe: Randm., ★ 1 M r verdr., 1 M li, 1 M r verdr., 1 M li, 1 M r verdr., 1 M li, 1 M r verdr., 1 M abh., 2 M r zus.str. und abgeh. M überz., 1 M r verdr., 1 M li. Ab ★ wiederholen. Die Reihe endet mit 1 M r verdr., Randm.

20. Reihe: Randm., 1 M li verdr., ★ 1 M r, 1 M li verdr., 1 M r, 1 M li verdr., 1 M r, 1 M li verdr., 1 M r, 1 M li verdr., 1 M r, 1 M li verdr. Ab ★ wiederholen, Randm.

1.—20. Reihe fortlaufend wiederholen.

Nach dem Typenmuster str. man in den Hinreihen fortlaufend von ★ bis ★★ und 1mal von ★★ bis ∅. In den Rückreihen arb. man 1mal von ∅ bis ★★, dann fortlaufend von ★★ bis ★.

1.—20. Reihe fortlaufend wiederholen.

Zeichenerklärung siehe Seite 245 f.

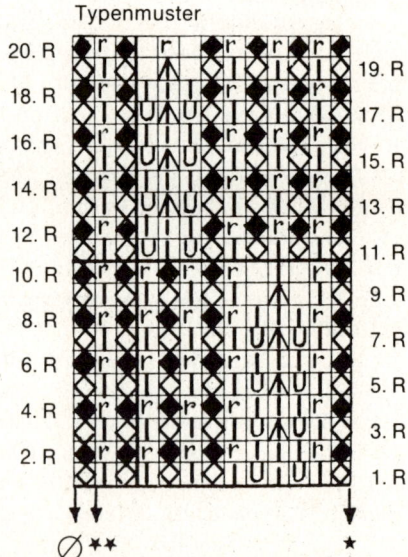

Typenmuster

52
Durchbruchmuster

Maschenzahl durch 4 teilbar.

1.—4. R: »glatt r«.

5. R: Randm., ★ 1 Umschl., 2 M r zus.str., 2 M r. Ab ★ wiederh. Die R endet: 1 Umschl., 2 M r zu.str., Randm.

6. R: links, auch die Umschl.

7. und 8. R: »glatt r«.

9. R: Randm., 2 M r, ★ 1 Umschl., 2 M r zus.str., 2 M r. Ab ★ wiederh., Randm.

10. R: links, auch die Umschl.

3.—10. R fortlaufend wiederh.

52
Durchbruch-
muster

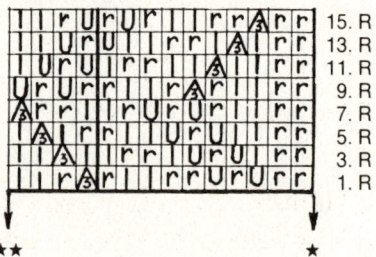

Typenmuster

			r	U	r	U	r				r	r	A	r	r	15. R
		U	r	U				r	r		A			r	r	13. R
	U	r	U		r	r				A			r	r	11. R
U	r	U	r	r			r	A	r			r	r	9. R
A	r	r			r	U	r	U	r			r	r	7. R
	A	r	r			U	r	U			r	r	5. R
	A		r	r		U	r	U			r	r	3. R
	r	A	r			r	r	U	r	U	r	r	1. R

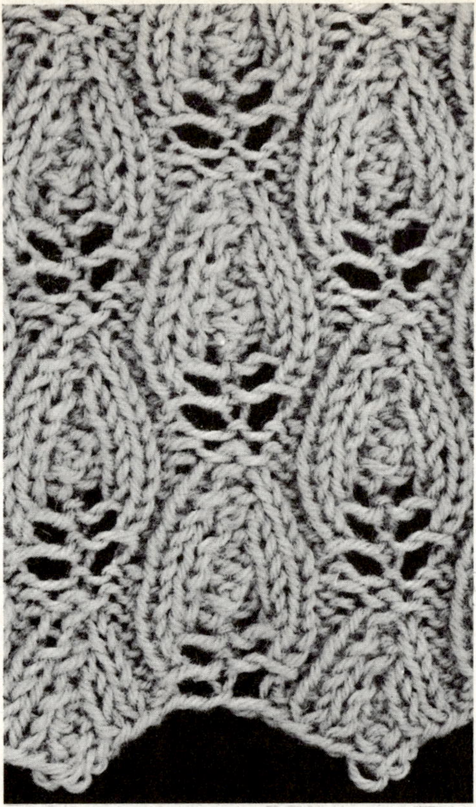

★★   ★

Strickmuster

Das Muster erscheint auf der linken Seite.
Maschenzahl durch 14 teilbar und 2 Randmaschen.
1. Reihe: Randm., ★ 2 M r, 1 Umschl., 1 M r, 1 Umschl., 2 M r, 2 M li, 1 M r, 3 M r zus.str., 1 M r, 2 M li. Ab ★ wiederholen, Randm.
2. Reihe und jede weitere 2. Reihe: M str., wie sie erscheinen, die Umschl. li.
3. Reihe: Randm., ★ 2 M r, 1 M li, 1 Umschl., 1 M r, 1 Umschl., 1 M li, 2 M r, 2 M li, 3 M r zus.str., 2 M li. Ab ★ wiederholen, Randm.
5. Reihe: Randm., ★ 2 M r, 2 M li, 1 Umschl., 1 M r, 1 Umschl., 2 M li, 2 M r, 1 M li, 3 M r zus.str., 1 M li. Ab ★ wiederholen, Randm.
7. Reihe: Randm., ★ 2 M r, 2 M li, 1 M r, 1 Umschl., 1 M r, 1 Umschl., 1 M r, 2 M li, 2 M r, 3 M r zus.str. Ab ★ wiederholen, Randm.
9. Reihe: Randm., ★ 2 M r, 2 M li, 1 M r, 3 M r zus.str., 1 M r, 2 M li, 2 M r, 1 Umschl., 1 M r, 1 Umschl. Ab ★ wiederholen, Randm.
11. Reihe: Randm., ★ 2 M r, 2 M li, 3 M r zus.str., 2 M li, 2 M r, 1 M li, 1 Umschl., 1 M r, 1 Umschl., 1 M li. Ab ★ wiederholen, Randm.
13. Reihe: Randm., ★ 2 M r, 1 M li, 3 M r zus.str., 1 M li, 2 M r, 2 M li, 1 Umschl., 1 M r, 1 Umschl., 2 M li. Ab ★ wiederholen, Randm.
15. Reihe: Randm., ★ 2 M r, 3 M r zus.str., 2 M r, 2 M li, 1 M r, 1 Umschl., 1 M r, 1 Umschl., 1 M r, 2 M li. Ab ★ wiederholen, Randm.
1.—16. Reihe fortlaufend wiederholen.

Nach dem Typenmuster arb. man in den ungeraden Reihen fortlaufend von ★ bis ★★.
In den Rückreihen M str., wie sie erscheinen, die Umschläge li.
1.—16. Reihe fortlaufend wiederholen.
Zeichenerklärung siehe Seite 245 f.

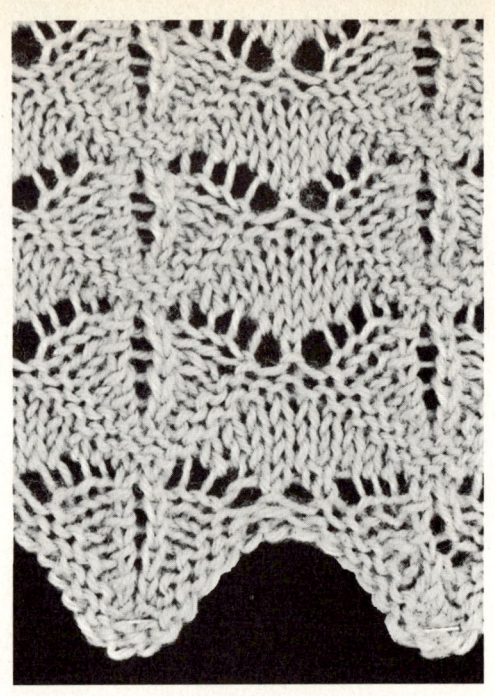

Typenmuster

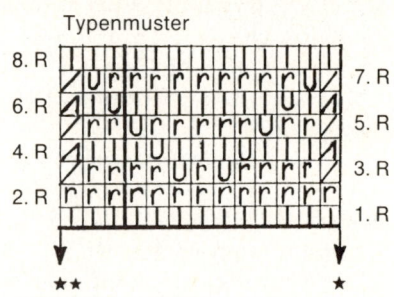

Maschenzahl durch 13 teilbar und 2 Randmaschen.

1. Reihe: links.

2. Reihe: rechts.

3. Reihe: Randm., ★ 2 M r zus.str., 4 M r, 1 Umschl., 1 M r, 1 Umschl., 4 M r, 2 M r zus.str. Ab ★ wiederholen, Randm.

4. Reihe: Randm., ★ 2 M li zus.str., 3 M li, 1 Umschl., 3 M li, 1 Umschl., 3 M li, 2 M li zus.str. Ab ★ wiederholen, Randm.

5. Reihe: Randm., ★ 2 M r zus.str., 2 M r, 1 Umschl., 5 M r, 1 Umschl., 2 M r, 2 M r zus.str. Ab ★ wiederholen, Randm.

6. Reihe: Randm., ★ 2 M li zus.str., 1 M li, 1 Umschl., 7 M li, 1 Umschl., 1 M li, 2 M li zus.str. Ab ★ wiederholen, Randm.

7. Reihe: Randm., ★ 2 M r zus.str., 1 Umschl., 9 M r, 1 Umschl., 2 M r zus.str. Ab ★ wiederholen, Randm.

8. Reihe: links, auch die Umschl.

1.—8. Reihe fortlaufend wiederholen.

Der Anschlagrand dieses Musters bildet keine gerade, sondern eine gezackte Linie.

Nach dem Typenmuster arb. man in den Hinreihen fortlaufend von ★ bis ★★.

In den Rückreihen fortlaufend von ★★ bis ★.

1.—8. Reihe fortlaufend wiederholen.

Zeichenerklärung siehe Seite 245 f.

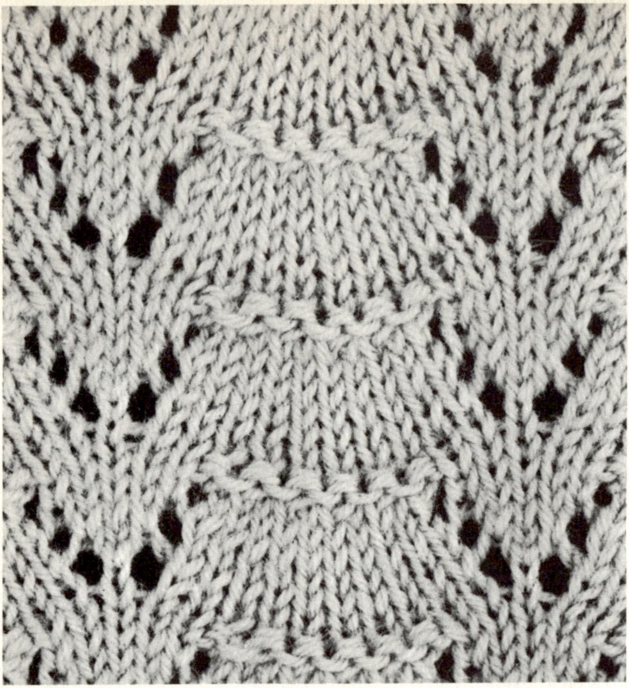

55 Strickmuster

Typenmuster

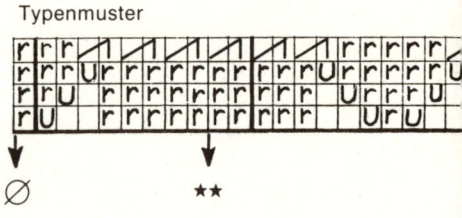

∅   ★★

Maschenzahl durch 11 teilbar und 1 M.

(Die Maschenzahl ändert sich in jeder Reihe.)

1. Reihe: 1 M r, 1 Umschl., ★ 10 M r, 1 Umschl., 1 M r, 1 Umschl. Ab ★ wiederholen. Die Reihe endet: 10 M r, 1 Umschl., 1 M r.

2. Reihe und jede weitere Rückreihe: Alle M li str., auch die Umschl.

3. Reihe: 2 M r, 1 Umschl., ★10 M r, 1 Umschl., 3 M r, 1 Umschl. Ab ★ wiederholen. Die Reihe endet: 10 M r, 1 Umschl., 2 M r.

5. Reihe: 3 M r, 1 Umschl., ★10 M r, 1 Umschl., 5 M r, 1 Umschl. Ab ★ wiederholen. Die Reihe endet: 10 M r, 1 Umschl., 3 M r.

7. Reihe: 3 M r, ★6mal 2 M li zus.str., 5 M r. Ab ★ wiederholen. Die Reihe endet: 6mal 2 M li zus.str., 3 M r.

8. Reihe: Alle M li str.

1.—8. Reihe fortlaufend wiederholen.

Nach dem Typenmuster arbeitet man in den Hinreihen 1mal von ∅ bis ★, fortlaufend von ★ bis ★★ und 1mal von ★★ bis ∅. In den Rückreihen alle M li str., auch die Umschl.

Zeichenerklärung siehe Seite 245 f.

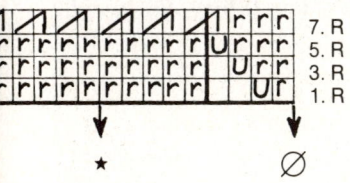

56
Strickmuster

Maschenzahl durch 6 teilbar und 2 Randmaschen.
1.—6. Reihe: »kraus«.
7. Reihe: Randm., ★ 1 M r, 3mal umschl. Ab ★ wiederholen, Randm.
8. Reihe: Randm., ★ die folg. 6 M auf die r Nd. heben, dabei die Umschl. der Vorreihe fallen lassen (es entstehen lange M). Nun die 3 zuerst abgeh. M mit der linken Nd. über die 3 zuletzt abgeh. M ziehen, erstere auf der linken Nd. lassen, die anderen 3 M ebenfalls auf die linke Nd. zurücknehmen und alle 6 M r abstr. Ab ★ wiederholen. Die 3.—8. Reihe fortlaufend wiederholen.

56
Strickmuster

Durchbruchstreifen

57
Strickmuster

Maschenzahl durch 4 teilbar und 2 Randmaschen.
1. Reihe: Randm., ★ 2 M r, 2 M li zus.str., 1 Umschl. Ab ★
wiederholen, Randm.
2. Reihe: Randm., ★ 2 M r (auch den Umschl.), 2 M li. Ab ★
wiederholen, Randm.
3. Reihe: Randm., ★ 2 M r zus.str., 1 Umschl., 2 M li. Ab ★
wiederholen, Randm.
4. Reihe: Randm., ★ 2 M r (auch den Umschl.), 2 M li. Ab ★
wiederholen, Randm.
1.—4. Reihe fortlaufend wiederholen.

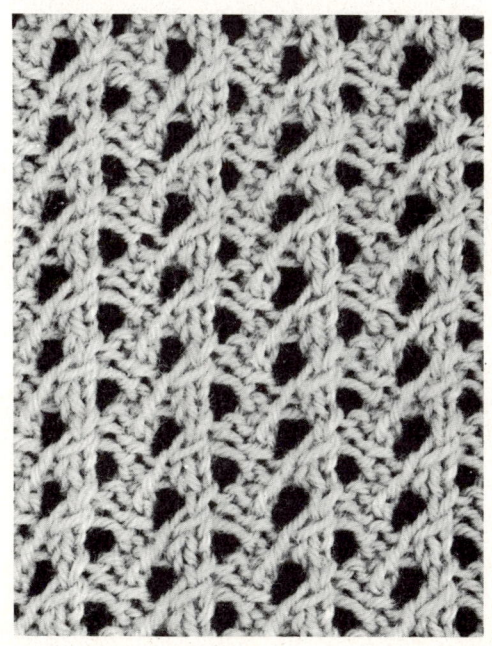

57
Strickmuster

58
Krausgestrickt
mit je einer
Fallmaschen-
reihe

59
Stricken mit
Nadeln in
verschiedener
Stärke

60
Strickmuster

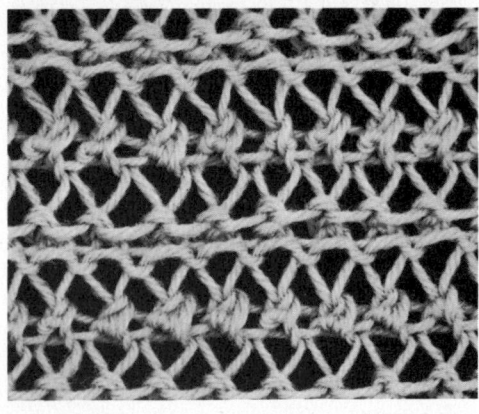

58
Krausgestrickt mit je einer Fallmaschenreihe

Beliebige Maschenzahl.
1.—10. Reihe: »kraus«.
11. Reihe: Randm., ★ 1 M r, 1 Umschl. Ab ★ wiederholen, Randm.
12. Reihe (Fallmaschenreihe): die Maschen r str., die Umschl. wieder fallen lassen.
1.—12. Reihe fortlaufend wiederholen.

59
Stricken mit Nadeln in verschiedener Stärke

Man erreicht dadurch ohne jede Mühe ein sehr hübsches Strickmuster.
★ Mit Nadeln, die der Wollstärke entsprechen, beginnen und hin- und hergehend 3 Reihen rechts stricken. Nun verwendet man Nadeln in doppelter Stärke und strickt 1 Reihe rechts. Ab ★ wiederholen. Nach Belieben können mit den feineren Nadeln mehr oder weniger Reihen gestrickt werden.

60
Strickmuster

Gerade Maschenzahl.
1. Reihe: rechts.
2. Reihe: Randm., ★ 2 M r zus.str., 1 Umschl. Ab ★ wieder-holen, Randm.
3. Reihe: rechts, dabei die Umschläge der 2. Reihe fallen lassen.
4. Reihe: aus jeder M 1 M r und 1 M li str.
2.—4. Reihe fortlaufend wiederholen.

61
Strickmuster

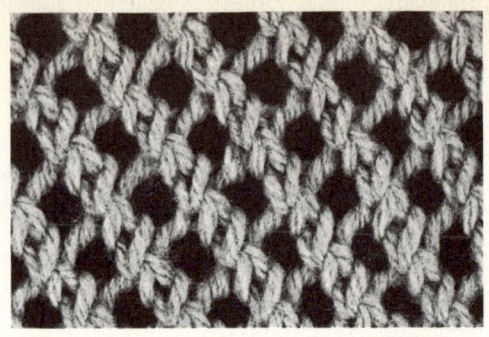

Typenmuster

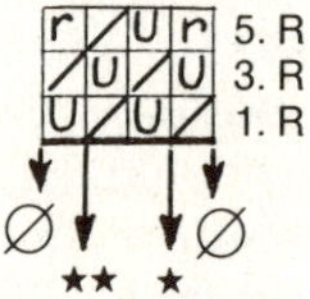

r	U	r	5. R
	U		3. R
U	U		1. R

∅   ∅
⋆⋆   ⋆

62
Strickmuster

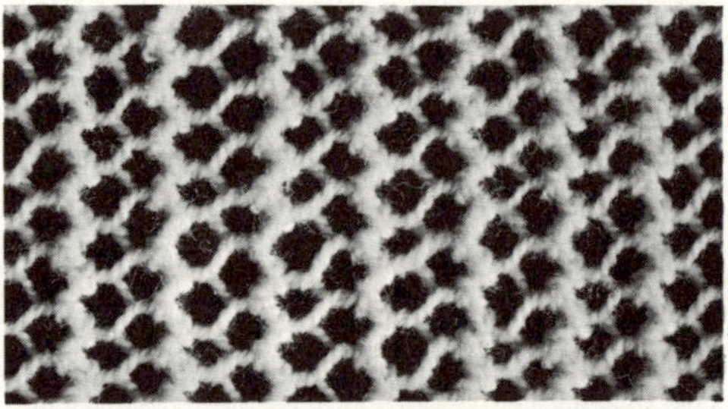

63
Strickmuster

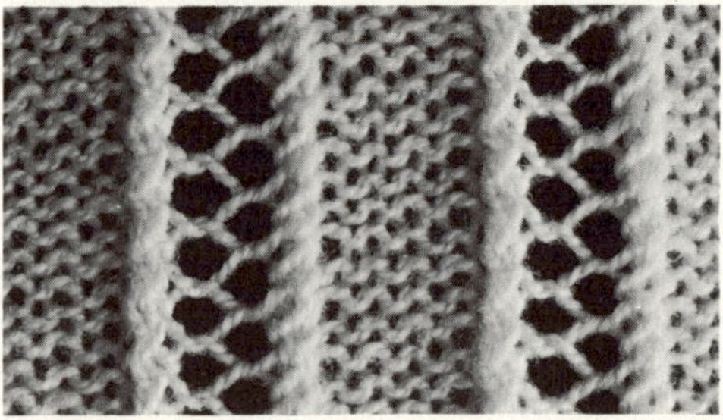

61
Strickmuster

Gerade Maschenzahl.
1. Reihe: Randm., ★ 2 M r zus.str., 1 Umschl. Ab ★ wiederholen, Randm.
2. Reihe und jede weitere Rückreihe: links, auch die Umschl.
3. Reihe: Randm., ★ 1 Umschl., 2 M r zus.str., Ab ★ wiederholen, Randm.
5. Reihe: Randm., 1 M r, ★ 1 Umschl., 2 M r zus.str. Ab ★ wiederholen. Die Reihe endet: 1 M r, Randm.
1.—6. Reihe fortlaufend wiederholen.

Nach dem Typenmuster arb. man in den Hinreihen 1mal von ∅ bis ★, fortlaufend von ★ bis ★★ und 1mal von ★★ bis ∅. In den Rückreihen alle M li str., auch die Umschl.
1.—6. Reihe fortlaufend wiederholen.
Zeichenerklärung siehe Seite 245 f.

62
Strickmuster

Gerade Maschenzahl.
1. Reihe: Randm., ★ umschl., 1 M abh., 1 M r und die abgehobene M überziehen. Ab ★ wiederholen, Randm.
Diese Reihe fortlaufend wiederholen.

63
Strickmuster

Maschenzahl durch 8 teilbar und 2 Randmaschen.
1. Reihe: Randm., ★ 4 M li, 2 M r zus.str., umschl., 2 M r. Ab ★ wiederholen, Randm.
2. Reihe: Randm., ★ 2 M li zus.str., umschl., 2 M li, 4 M r. Ab ★ wiederholen, Randm.
1. und 2. Reihe fortlaufend wiederholen.

64

Strickmuster

Maschenzahl durch 8 teilbar und 2 Randmaschen.

1. Reihe: Randm., ★ 1 Umschl., 1 M abh., 1 M r und die abgeh. M überz., 6 M r. Ab ★ wiederholen, Randm.

2. Reihe und jede weitere Rückreihe links.

3. Reihe: Randm., 1 M r, ★ 1 Umschl., 1 M abh., 1 M r und die abgeh. M überz., 6 M r. Ab ★ wiederholen. Die Reihe endet: 1 Umschl., 1 M abh., 1 M r und die abgeh. M überz., 5 M r, Randm.

5. Reihe: Randm., 2 M r, ★ 1 Umschl., 1 M abh., 1 M r und die abgeh. M überz., 2 M r, aus folg. M 6 M herausstr., und zwar 1 r M, 1 r verdr. M, 1 r M, 1 r verdr. M, 1 r M, 1 r verdr. M; alle M nacheinander über die letzte Schlinge ziehen, 3 M r. Ab ★ wiederholen. Die Reihe endet: 1 Umschl., 1 M abh., 1 M r und die abgeh. M überz., 2 M r, aus folg. Masche 1 Noppe, wie zuvor beschrieben, 1 M r, Randm.

7. Reihe: Randm., 3 M r, ★ 1 Umschl., 1 M abh., 1 M r und die abgeh. M überz., 6 M r. Ab ★ wiederholen. Die Reihe endet: 1 Umschl., 1 M abh., 1 M r und die abgeh. M überz., 3 M r, Randm.

9. Reihe: Randm., 4 M r, ★ 1 Umschl., 1 M abh., 1 M r und die abgeh. M überz., 6 M r. Ab ★ wiederholen. Die Reihe endet: 1 Umschl., 1 M abh., 1 M r und die abgeh. M überz., 2 M r, Randm.

11. Reihe: Randm., 5 M r, ★ 1 Umschl., 1 M abh., 1 M r und die abgeh. M überz., 6 M r. Ab ★ wiederholen. Die Reihe endet: 1 Umschl., 1 M abh., 1 M r str. und die abgeh. M überz., 1 M r, Randm.

13. Reihe: Randm., ★ 2 M r, aus folg. M 6 M herausstr., und zwar 1 r M, 1 r verdr. M, 1 r M, 1 r verdr. M, 1 r M, 1 r verdr. M; alle M nacheinander über die letzte Schlinge ziehen, 3 M r, 1 Umschl., 1 M abh., 1 M r und die abgeh. M überz. Ab ★ wiederholen, Randm.

15. Reihe: Randm., 7 M r, ★ 1 Umschl., 1 M abh., 1 M r und die abgeh. M überz., 6 M r. Ab ★ wiederholen. Am Schluß der Nadel wird nach dem Umschl. die letzte M mit der Randm. abgeh. und dann mit dieser zus.gestr.

16. Reihe: links.

1.—16. Reihe fortlaufend wiederholen.

Nach dem Typenmuster arb. man in den Hinreihen 1mal von ⊘ bis ★, fortlaufend von ★ bis ★★ und 1mal von ★★ bis ⊘. In den Rückreihen alle M li str., auch die Umschl.

1.—16. Reihe fortlaufend wiederholen.

Zeichenerklärung siehe Seite 245 f.

Typenmuster

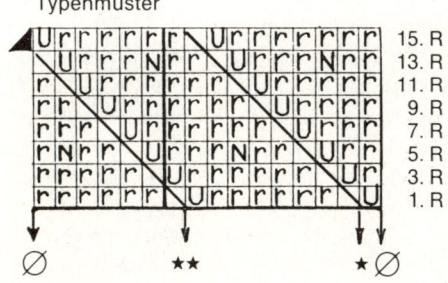

65
Strickmuster

Typenmuster

2. R   3. R

1. R

★★   ★   ∅

∅

66
Strickmuster

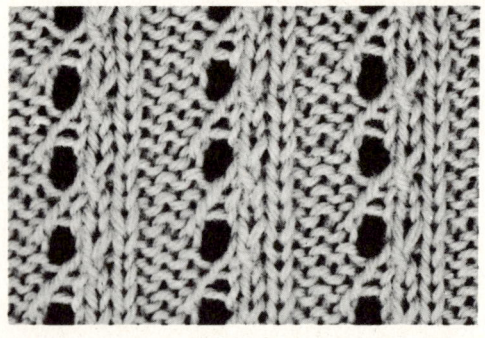

124

65
Strickmuster

Maschenzahl durch 3 teilbar und 2 Randmaschen.
1. Reihe: Randm., 2 M r zus.str., 1 Umschl., ★ 1 M r, 1 M abh., 1 M r str. und die abgeh. M überziehen, 1 Umschl. Ab ★ wiederholen. Die Reihe endet: 1 M r, Randm.
2. Reihe: Randm., folg. M mit dem Umschl. li zus.str., ★ 1 Umschl., 1 M li, folg. M mit dem Umschl. li zus.str. Ab ★ wiederholen. Die Reihe endet: 1 Umschl., 1 M li, Randm.
3. Reihe: Randm., 1 M abh., den Umschl. r str. und die abgeh. M überziehen, ★ 1 Umschl., 1 M r, 1 M r abh., den Umschl. r str. und die abgeh. M überz. Ab ★ wiederholen. Die Reihe endet: 1 Umschl., 1 M r, Randm.
2. und 3. Reihe fortlaufend wiederholen.

Nach dem Typenmuster arbeitet man in den Hinreihen 1mal von ∅ bis ★, fortlaufend von ★ bis ★★ und 1mal von ★★ bis ∅. In den Rückreihen 1mal von ∅ bis ★★, fortlaufend von ★★ bis ★ und 1mal von ★ bis ∅.
Zeichenerklärung siehe Seite 245 f.

66
Strickmuster

Maschenzahl durch 6 teilbar und 2 Randmaschen.
Das Muster erscheint auf der linken Seite.
1. Reihe: Randm., ★ 3 M r, 3 M li. Ab ★ wiederholen, Randm.
2. und 3. Reihe: M str., wie sie erscheinen.
4. Reihe: Randm., ★ 1 M r, 1 M abh., 1 M r und die abgehobene M überziehen, umschl., 3 M li. Ab ★ wiederholen, Randm.
1.—4. Reihe fortlaufend wiederholen.

Typenmuster

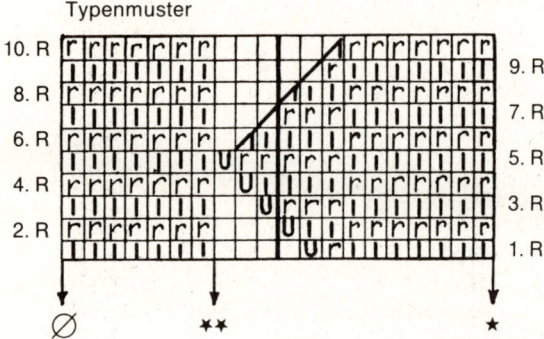

Maschenzahl durch 8 teilbar und 7 M und 2 Randm. (die Maschenzahl ändert sich in jeder Reihe).

1. Reihe: Randm., ★ 7 M li, 1 M r, umschl. Ab ★ wiederholen. Die Reihe endet mit 7 M li, Randm.

2. Reihe: Randm., ★ 7 M r, umschl., 2 M li. Ab ★ wiederholen. Die Reihe endet mit 7 M r, Randm.

3. Reihe: Randm., ★ 7 M li, 3 M r, umschl. Ab ★ wiederholen. Die Reihe endet mit 7 M li, Randm.

4. Reihe: Randm., ★ 7 M r, umschl., 4 M li. Ab ★ wiederholen. Die Reihe endet mit 7 M r, Randm.

5. Reihe: Randm., ★ 7 M li, 5 M r, umschl. Ab ★ wiederholen. Die Reihe endet mit 7 M li, Randm.

6. Reihe: Randm., ★ 7 M r, 2 M li zus.str., 4 M li. Ab ★ wiederholen. Die Reihe endet mit 7 M r, Randm.

7. Reihe: Randm., ★ 7 M li, 3 M r, 2 M r zus.str. Ab ★ wiederholen. Die Reihe endet mit 7 M li, Randm.

8. Reihe: Randm., ★ 7 M r, 2 M li zus.str., 2 M li. Ab ★ wiederholen. Die Reihe endet mit 7 M r, Randm.

9. Reihe: Randm., ★ 7 M li, 1 M r, 2 M r zus.str. Ab ★ wiederholen. Die Reihe endet mit 7 M li, Randm.

10. Reihe: Randm., ★ 7 M r, 2 M li zus.str. Ab ★ wiederholen. Die Reihe endet mit 7 M r, Randm.

1.—10. R fortlaufend wiederholen.

Nach dem Typenmuster arbeitet man in den Hinreihen fortlaufend von ★ bis ★★ und 1mal von ★★ bis ∅. In den Rückreihen strickt man 1mal von ∅ bis ★★, dann fortlaufend von ★★ bis ★. Bis zur 5. Reihe vermehrt sich die Maschenzahl, bis zur 10. Reihe nimmt sie wieder ab.

Die leeren Kästchen im Typenmuster haben keine Bedeutung.

1.—10. R fortlaufend wiederholen.

Zeichenerklärung siehe Seite 245 f.

68
Strickmuster

69
Strickmuster

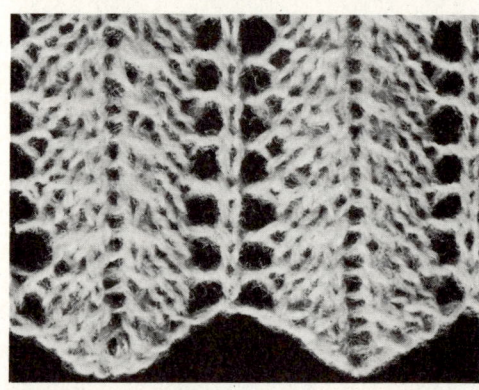

70
Strickmuster

68
Strickmuster

Maschenzahl durch 4 teilbar.
1. Reihe: Randm., 2 M li, ★ umschl., 1 M abh., 1 M r und die abgehobene M überziehen, 2 M li. Ab ★ wiederholen, Randm.
2. Reihe: Randm., ★ 2 M r, 2 M li. Ab ★ wiederholen. Die Reihe endet mit 2 M r, Randm.
3. Reihe: Randm., 2 M li, ★ 2 M r zus.str., umschl., 2 M li. Ab ★ wiederholen, Randm.
4. Reihe wie die 2. Reihe.
1.—4. Reihe fortlaufend wiederholen.

69
Strickmuster

Maschenzahl durch 9 teilbar und 2 Randmaschen.
1. Reihe: Randm., 2 M r zus.str., 2 M r, ★ umschl., 1 M r, um-schl., 2 M r, 1 M abh., 1 M r str. und die abgehobene M über-ziehen, 2 M r zus.str., 2 M r. Ab ★ wiederholen. Die Reihe endet: umschl., 1 M r, umschl., 2 M r, 1 M abh., 1 M r str. und die abgehobene M überziehen, Randm.
2. Reihe: alle M, auch die Umschl., li str.
1. und 2. Reihe fortlaufend wiederholen.

70
Strickmuster

Maschenzahl durch 18 teilbar und 2 Randmaschen.
1. Reihe: Randm., 3mal je 2 M r zus.str., ★ 6mal je 1 M r und umschl., 6mal je 2 M r zus.str. Ab ★ wiederholen. Am Anfang und Schluß stets 3mal 2 M r zus.str. oder 3mal je 1 M r und umschl., damit man einen schönen Rand erhält.
2. Reihe: alle M, auch die Umschl., li str.
3. und 4. Reihe: rechts.
1.—4. Reihe fortlaufend wiederholen.

71 Durchbruchstreifen

Typenmuster

U	⋀	U	r	U	⋀	U	r	U	⋀	U	7. R
r	r	r	U	╱	r	⟍	U	r	r	r	5. R
U	⋀	U	r	r	r	r	U	⋀	U	3. R
U	⋀	U	r	r	r	r	r	U	⋀	U	1. R

71
Durchbruchstreifen

Dieser ist 11 Maschen breit.
1. Reihe: 1 Umschl., 1 M r abh., 2 M r zus.str. und die abgeh. M überz., 1 Umschl., 5 M r, 1 Umschl., 1 M r abh., 2 M r zus.-str. und die abgeh. M überz., 1 Umschl.
2. Reihe und jede weitere Rückreihe: alle M, auch die Umschl. li str.
3. Reihe wie die 1. Reihe.
5. Reihe: 3 M r, 1 Umschl., 1 M r abh., 1 M r str. und die abgeh. M überz., 1 M r, 2 M r zus.str., 1 Umschl., 3 M r.
7. Reihe: 1 Umschl., 1 M r abh., 2 M r zus.str. und die abgeh. M überz., 1 Umschl., 1 M r, 1 Umschl., 1 M r abh., 2 M r zus.str. und die abgeh. M überz., 1 Umschl., 1 M r, 1 Um-schl., 1 M r abh., 2 M r zus.str. und die abgeh. M überz., 1 Umschl.
8. Reihe: alle M, auch die Umschl., li str.
1.—8. Reihe fortlaufend wiederholen.
Zwischen die einzelnen Durchbruchstreifen können »glatt r«, »glatt li« oder wie auf unserer Abb. »kraus« gestr. Streifen von beliebiger Breite gearb. werden.

Man arb. in den Hinreihen nach dem Typenmuster. In den Rückreihen alle M li str., auch die Umschl.
1.—8. Reihe fortlaufend wiederholen.
Zeichenerklärung siehe Seite 245 f.

Typenmuster

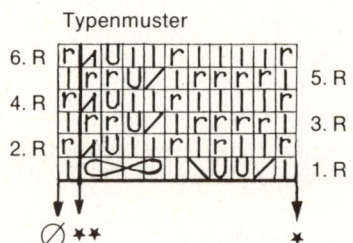

Maschenzahl durch 10 teilbar und 3 M (1 M und 2 Randma-schen).

1. Reihe: Randm., ★ 1 M li, 2 M r zus.str., 2 Umschl., 1 M abh., 1 M r und die abgeh. M überz., 1 M li, die nächsten 4 M verzopfen (1. und 2. M auf Hilfsnd. nehmen und vor die Arbeit legen, 3. und 4. M r str. und dann die beiden Hilfsnd.-M r str.) Ab ★ wiederholen. Die Reihe endet mit 1 M li, Randm.

2. Reihe: Randm., 1 M r, ★ 2 M li zus.str., 1 Umschl., 2 M li, 1 M r, 1 M li, aus den 2 Umschl. 1 M r und 1 M li str., 1 M li, 1 M r. Ab ★ wiederholen, Randm.

3. Reihe: Randm., ★ 1 M li, 4 M r, 1 M li, 2 M r zus.str., 1 Umschl., 2 M r. Ab ★ wiederholen. Die Reihe endet mit 1 M li, Randm.

4. Reihe: Randm., 1 M r, ★ 2 M li zus.str., 1 Umschl., 2 M li, 1 M r, 4 M li, 1 M r. Ab ★ wiederholen, Randm.

5. und 6. Reihe wie 3. und 4. Reihe.

1.—6. Reihe fortlaufend wiederholen.

Nach dem Typenmuster arb. man in den Hinreihen fortlaufend von ★ bis ★★ und 1mal von ★★ bis ∅. In den Rückreihen 1mal von ∅ bis ★★ und fortlaufend von ★★ bis ★.

1.—6. Reihe fortlaufend wiederholen.

Zeichenerklärung siehe Seite 245 f.

Maschenzahl durch 6 teilbar und 5 M (3 M und 2 Randma-schen).

1. Reihe: Randm., ★ 3 M li, 1 Umschl., 1 M abh., 2 M r zus.-str. und die abgeh. M überziehen, 1 Umschl. Ab ★ wiederho-len. Die Reihe endet: 3 M li, Randm.

2. Reihe: Randm., 3 M r, 3 M li im Wechsel. Die Reihe endet mit 3 M r, Randm.

3. und 4. Reihe: M str., wie sie erscheinen.

1.—4. Reihe fortlaufend wiederholen.

Nach dem Typenmuster arb. man in den Hinreihen fortlaufend von ★ bis ★★ und 1mal von ★★ bis ∅. In den Rückreihen 1mal von ∅ bis ★★, dann fortlaufend von ★★ bis ★.
Zeichenerklärung siehe Seite 245 f.

73
Strickmuster

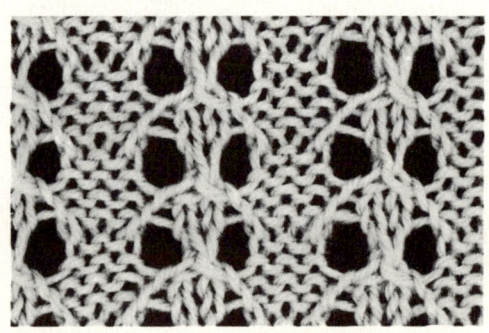

Typenmuster

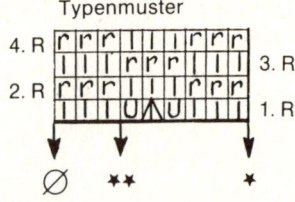

Spitzenmuster

74
Strickmuster

Gerade Maschenzahl.
1. Reihe: Randm., ★ 1 Umschl., 1 M abh., 1 M r str. und die abgeh. M überz. Ab ★ wiederholen, Randm.
2. Reihe: alle M, auch die Umschl., li str.
3. Reihe: Randm., ★ 1 M abh., 1 M r str. und die abgeh. M überz., 1 Umschl. Ab ★ wiederholen, Randm.
4. Reihe wie die 2. Reihe.
1.—4. Reihe fortlaufend wiederholen.

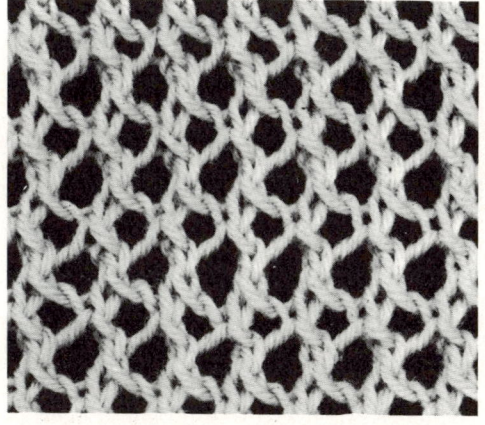

74
Strickmuster

Typenmuster

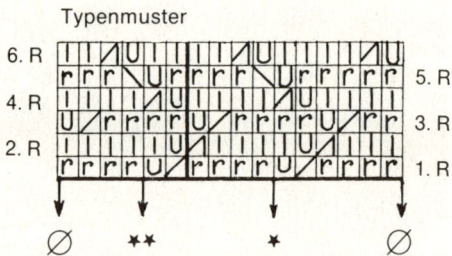

Strickmuster

Maschenzahl durch 6 teilbar und 6 M (4 M und 2 Rand-maschen).

1. Reihe: Randm., ★ 4 M r, 2 M r zus.str., 1 Umschl. Ab ★ wiederholen. Die Reihe endet: 4 M r, Randm.

2. Reihe: Randm., 5 M li, ★ 1 Umschl., 2 M li zus.str., 4 M li. Ab ★ wiederholen. Die Reihe endet: 1 Umschl., 2 M li zus.str., 3 M li, Randm.

3. Reihe: Randm., 2 M r, ★ 2 M r zus.str., 1 Umschl., 4 M r. Ab ★ wiederholen. Die Reihe endet: 2 M r zus.str., 1 Umschl., Randm.

4. Reihe: Randm., ★ 4 M li, 2 M li zus.str., 1 Umschl. Ab ★ wiederholen. Die Reihe endet: 4 M li, Randm.

5. Reihe: Randm., 5 M r, ★ 1 Umschl., 1 M abh., 1 M r str. und die abgeh. M überziehen, 4 M r. Ab ★ wiederholen. Die Reihe endet: 1 Umschl., 1 M abh., 1 M r str. und die abgeh. M überziehen, 3 M r, Randm.

6. Reihe: Randm., 2 M li, ★ 2 M li zus.str., 1 Umschl., 4 M li. Ab ★ wiederholen. Die Reihe endet: 2 M li zus.str., 1 Umschl., Randm.

1.—6. Reihe fortlaufend wiederholen.

Nach dem Typenmuster arb. man in den Hinreihen 1mal von ∅ bis ★, fortlaufend von ★ bis ★★ und 1mal von ★★ bis ∅. In den Rückreihen 1mal von ∅ bis ★★, fortlaufend von ★★ bis ★ und 1mal von ★ bis ∅.

1.—6. Reihe fortlaufend wiederholen.

Zeichenerklärung siehe Seite 245 f.

Typenmuster

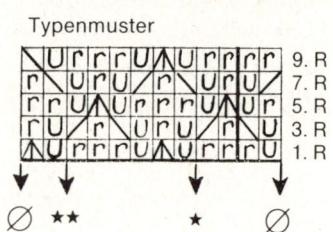

Maschenzahl durch 6 teilbar und 2 Randmaschen.

1. Reihe: Randm., ★ umschl., 3 M r, umschl., 1 M r abh., 2 M r zus.str. und die abgehobene M überziehen. Ab ★ wiederholen, Randm.

2. Reihe und jede weitere Rückreihe: alle M, auch die Umschl., li str.

3. Reihe: Randm., ★ umschl., 1 M r abh., 1 M r und die abgehobene M überziehen, 1 M r, 2 M r zus.str., umschl., 1 M r. Ab ★ wiederholen, Randm.

5. Reihe: Randm., 1 M r, ★ umschl., 1 M r abh., 2 M r zus.-str. und die abgehobene M überziehen, umschl., 3 M r. Ab ★ wiederholen. Die Reihe endet: umschl., 1 M r abh., 2 M r zus.-str. und die abgehobene M überz., umschl., 2 M r, Randm.

7. Reihe: Randm., ★ 2 M r zus.str., umschl., 1 M r, umschl., 1 M r abh., 1 M r und die abgehobene M überziehen, 1 M r. Ab ★ wiederholen, Randm.

9. Reihe: Randm., 4 M r, ★ umschl., 1 M r abh., 2 M r zus.str. und die abgehobene M überziehen, umschl., 3 M r. Ab ★ wiederholen. Die Reihe endet: umschl., 1 M abh., 1 M r str. und die abgeh. M überz., Randm.

10. Reihe: alle M, auch die Umschl., li str.

3.—10. Reihe fortlaufend wiederholen.

Man str. in den Hinreihen nach dem Typenmuster 1mal von ∅ bis ★, fortlaufend von ★ bis ★★ und 1mal von ★★ bis ∅.
In den Rückreihen alle M, auch die Umschl., li str.
3.—10. Reihe fortlaufend wiederholen.
Zeichenerklärung siehe Seite 245 f.

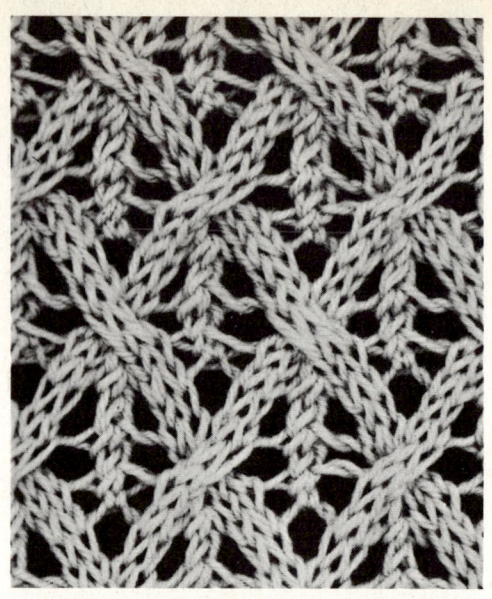

Typenmuster

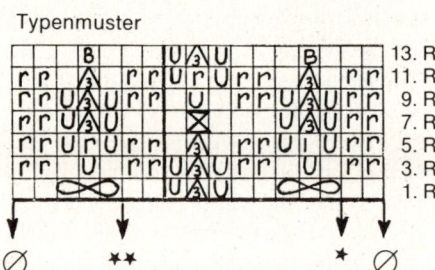

Nach dem Typenmuster arb. man in den Hinreihen 1mal von ∅ bis ★, fortlaufend von ★ bis ★★ und 1mal von ★★ bis ∅. In den Rückreihen alle M, auch die Umschl., li str. Die leeren Kästchen im Typenmuster haben keine Bedeutung.
3.—14. Reihe fortlaufend wiederholen.
Zeichenerklärung siehe Seite 245 f.

Strickmuster

Maschenzahl durch 7 teilbar und 6 M (4 M und 2 Rand-maschen).

1. Reihe: Randm., ★ folgende 2 M auf Hilfsnd. nehmen und hinter die Arbeit legen, 2 M r, Hilfsnd.-M r, 1 Umschl., 3 M r zus.str., 1 Umschl. Ab ★ wiederholen. Die Reihe endet: 2 M auf Hilfsnd. nehmen und hinter die Arbeit legen, 2 M r, Hilfs-nd.-M r, Randm.

2. Reihe und jede weitere Rückreihe: alle M, auch die Umschl., li str.

3. Reihe: Randm., ★ 2 M r, 1 Umschl., 2 M r, 1 Umschl., 3 M r zus.str., 1 Umschl. Ab ★ wiederholen. Die Reihe endet: 2 M r, 1 Umschl., 2 M r, Randm.

5. Reihe: Randm., ★ 2 M r, 1 Umschl., 1 M r, 1 Umschl., 2 M r, 3 M r zus.str. Ab ★ wiederholen. Die Reihe endet: 2 M r, 1 Umschl., 1 M r, 1 Umschl., 2 M r, Randm.

7. Reihe: Randm., 2 M r, ★ 1 Umschl., 3 M r zus.str., 1 Um-schl., folgende 2 M auf Hilfsnd. nehmen und vor die Arbeit le-gen, die nächsten 2 M r zus.str., 1 M r, dann die Hilfsnd.-M r str. Ab ★ wiederholen. Die Reihe endet: 1 Umschl., 3 M r zus.-str., 1 Umschl., 2 M r, Randm.

9. Reihe: Randm., ★ 2 M r, 1 Umschl., 3 M r zus.str., 1 Um-schl., 2 M r, 1 Umschl. Ab ★ wiederholen. Die Reihe endet: 2 M r, 1 Umschl., 3 M r zus.str., 1 Umschl., 2 M r, Randm.

11. Reihe: Randm., ★ 2 M r, 3 M r zus.str., 2 M r, 1 Umschl., 1 M r, 1 Umschl. Ab ★ wiederholen. Die Reihe endet: 2 M r, 3 M r zus.str., 2 M r, Randm.

13. Reihe: Randm., ★ folgende 3 M auf Hilfsnd. nehmen und hinter die Arbeit legen, 2 M r, dann die beiden ersten Hilfsnd.-M r zus.str., 3. Hilfsnd.-M r, 1 Umschl., 3 M r zus.str., 1 Um-schl. Ab ★ wiederholen. Die Reihe endet: 5 M verkreuzen, wie zu Beginn der Reihe beschrieben, Randm.

14. Reihe: links.

3.—14. Reihe fortlaufend wiederholen.

78
Strickmuster

Typenmuster

r	r	r	U	⋏	U	r	r	5. R
r	r	U	r	⋏	r	U	r	3. R
r	U	r	r	⋏	r	r	U	1. R

★★   ★

79
Strickmuster

142

78
Strickmuster

Maschenzahl durch 8 teilbar und 2 Randmaschen.
1. Reihe: Randm., ★ 1 Umschl., 2 M r, 3 M zus.str. (1 M abh.,
2 M r zus.str. und die abgeh. M überz.), 2 M r, 1 Umschl., 1 M
r. Ab ★ wiederholen, Randm.
2. Reihe: links, auch die Umschl.
3. Reihe: Randm., ★ 1 M r, 1 Umschl., 1 M r, 3 M zus.str. wie
in der 1. Reihe, 1 M r, 1 Umschl., 2 M r. Ab ★ wiederholen,
Randm.
4. Reihe: links, auch die Umschl.
5. Reihe: Randm., ★ 2 M r, 1 Umschl., 3 M zus.str. wie in der
1. R, 1 Umschl., 3 M r. Ab ★ wiederholen, Randm.
6. Reihe: links.
1.—6. Reihe fortlaufend wiederholen.

Nach dem Typenmuster arb. man in den Hinreihen fortlaufend
von ★ bis ★★.
In den Rückreihen alle M li str., auch die Umschl.
1.—6. Reihe fortlaufend wiederholen.
Zeichenerklärung siehe Seite 245 f.

79
Strickmuster

Maschenzahl durch 8 teilbar und 2 Randmaschen.
1. Reihe: Randm., ★ umschl., 1 M abh., 1 M r str. und die
abgehobene M überziehen, 5 M r, 1 M r verdr. Ab ★ wiederholen, Randm.
2. Reihe: Randm., ★ 1 M li verdr., 4 M li, 2 M li verdr.
zus.str., umschl., 1 M li. Ab ★ wiederholen, Randm.
3. Reihe: Randm., ★ umschl., 2 M r, 1 M abh., 1 M r str. und
die abgehobene M überziehen, 3 M r, 1 M r verdr. Ab ★ wiederholen, Randm.
4. Reihe: Randm., ★ 1 M li verdr., 2 M li, 2 M li verdr.
zus.str., 3 M li, umschl. Ab ★ wiederh., Randm.

5. Reihe: Randm., ★ umschl., 4 M r, 1 M abh., 1 M r str. und die abgehobene M überziehen, 1 M r, 1 M r verdr. Ab ★ wiederholen, Randm.

6. Reihe: Randm., ★ 1 M li verdr., 2 M li verdr. zus.str., 5 M li, umschl. Ab ★ wiederholen, Randm.

7. Reihe: Randm., ★ umschl., 6 M r, 1 M abh., 1 M r str. und die abgehobene M überziehen. Ab ★ wiederholen, Randm.

8. Reihe: Randm., ★ umschl., 1 M li verdr., 5 M li, 2 M li verdr. zus.str. Ab ★ wiederholen, Randm.

9. Reihe: Randm., ★ 1 M abh., 1 M r str. und die abgehobene M überziehen, 4 M r, 1 M r verdr., umschl., 1 M r. Ab ★ wiederholen, Randm.

10. Reihe: Randm., ★ 2 M li, umschl., 1 M li verdr., 3 M li, 2 M li verdr. zus.str. Ab ★ wiederh., Randm.

11. Reihe: Randm., ★ 1 M abh., 1 M r str. und die abgehobene M überziehen, 2 M r, 1 M r verdr., umschl., 3 M r, Ab ★ wiederholen, Randm.

12. Reihe: Randm., ★ 4 M li, umschl., 1 M li verdr., 1 M li, 2 M li verdr. zus.str. Ab ★ wiederh., Randm.

13. Reihe: Randm., ★ 1 M abh., 1 M r str. und die abgehobene M überziehen, 1 M r verdr., umschl., 5 M r. Ab ★ wiederholen, Randm.

14. Reihe: Randm., ★ 6 M li, umschl., 2 M li verdr. zus.str. Ab ★ wiederholen, Randm.

15. Reihe: Randm. mit folg. M zus.str., ★ umschl., 1 M abh., 1 M r str. und die abgehobene M überziehen, 5 M r, 1 M r verdr. Ab ★ wiederholen. Die Reihe endet: umschl., 1 M abh., 1 M r str. und die abgehobene M überz., 5 M r, aus folgendem Zwischenglied 1 M r verdr. herausstr., Randm.

16. Reihe wie 2. Reihe.

3.—16. Reihe fortlaufend wiederholen.

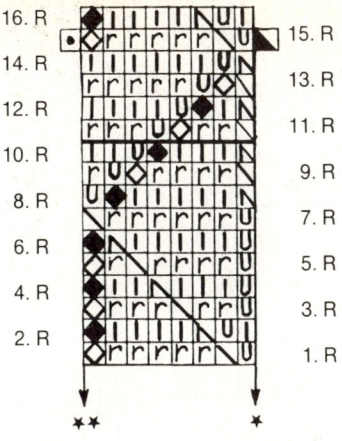

Typenmuster

16. R
15. R
14. R
13. R
12. R
11. R
10. R
9. R
8. R
7. R
6. R
5. R
4. R
3. R
2. R
1. R

✶✶   ✶

Nach dem Typenmuster str. man in den Hinreihen fortlaufend von ✶ bis ✶✶, in den Rückreihen fortlaufend von ✶✶ bis ✶. In der 15. Reihe wird die Randm. mit folg. M r zus.gestr., und am Ende der Reihe wird das Zwischenglied vor der Randm. aufgefaßt und r verdr. abgestr.

3.—16. Reihe fortlaufend wiederholen.

Zeichenerklärung siehe Seite 245 f.

145

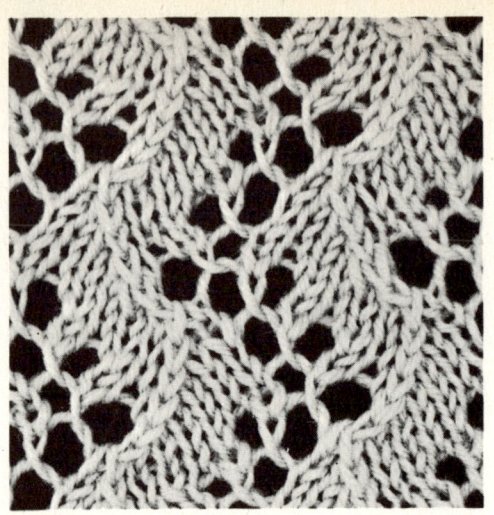

Typenmuster

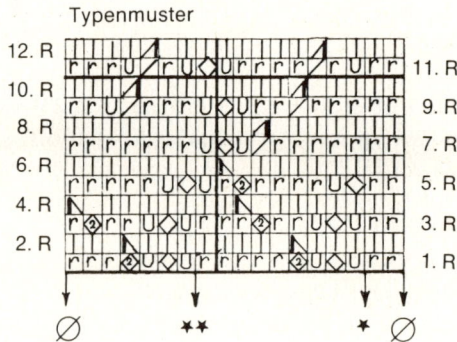

Strickmuster

Maschenzahl durch 10 teilbar und 7 M (5 M und 2 Rand-maschen).

1. Reihe: Randm., ★1 M r, 1 Umschl., 1 M r, 1 M abh., 2 M r zus.str. und die abgeh. M überz., 1 M r, 1 Umschl., 1 M r, 3 M li. Ab ★ wiederholen. Die Reihe endet mit 1 M r, 1 Umschl., 1 M r, 1 M abh., 2 M r zus.str. und die abgeh. M überz., 1 Umschl., Randm.

2. Reihe und jede weitere Rückreihe: M str., wie sie erscheinen, Umschläge li.

3., 5. und 7. Reihe wie 1. Reihe.

9. Reihe: Randm., 1 M r, ★1 M r, 3 M li, 1 M r, 1 Umschl., 1 M r, 1 M abh., 2 M r zus.str. und die abgeh. M überz., 1 M r, 1 Umschl. Ab ★ wiederholen. Die Reihe endet mit 1 M r, 3 M li, Randm.

11., 13. und 15. Reihe wie 9. Reihe.

16. Reihe: M str., wie sie erscheinen, Umschläge li.

1.—16. Reihe fortlaufend wiederholen.

Nach dem Typenmuster arbeitet man in den Hinreihen 1mal von ∅ bis ★, fortlaufend von ★ bis ★★ und 1mal von ★★ bis ∅.

In den Rückreihen M str., wie sie erscheinen, Umschl. li.

1.—16. Reihe fortlaufend wiederholen.

Zeichenerklärung siehe Seite 245 f.

81
Strickmuster

82
Zweifarbiger
Sternstich

Mehrfarbige Strickmuster

81
Strickmuster

Gerade Maschenzahl.
1. Reihe (I. Farbe): rechts.
2. Reihe (I. Farbe): links.
3. Reihe (II. Farbe): Randm., ★ 1 M r, 1 M li abh. (Faden hinter der M). Ab ★ wiederholen, Randm.
4. Reihe (II. Farbe): Randm., ★ 1 M li abh. (Faden vor der M), 1 M r. Ab ★ wiederholen, Randm.
5. Reihe (I. Farbe): rechts.
6. Reihe (I. Farbe): links.
7. Reihe (II. Farbe): Randm., ★ 1 M li abh. (Faden hinter der M), 1 M r. Ab ★ wiederholen, Randm.
8. Reihe (II. Farbe): Randm., ★ 1 M r, 1 M li abh. (Faden vor der M). Ab ★ wiederholen, Randm.
1.—8. Reihe fortlaufend wiederholen.

82
Zweifarbiger Sternstich

Maschenzahl durch 3 teilbar.
1. Reihe (I. Farbe): Randm., 1 M r, ★ 1 M r abh., umschl., 1 M r abh., 1 M r und die erste der abgehobenen M über die 3 folgenden M ziehen. Ab ★ wiederholen, Randm.
2. Reihe (I. Farbe): links.
3. Reihe (II. Farbe): Randm., 3 M r, ★ 1 M r abh., umschl., 1 M r abh., 1 M r und die erste der abgehobenen M über die 3 folgenden M ziehen. Ab ★ wiederholen. Die Reihe endet mit 1 M r, Randm.
4. Reihe (II. Farbe): links.
1.—4. Reihe fortlaufend wiederholen.

83
Perlmuster
zweifarbig

84
Gestricktes
Tweedmuster

83
Perlmuster zweifarbig

Das Muster erscheint auf der linken Seite.
Gerade Maschenzahl.
1. Reihe (I. Farbe): rechts.
2. Reihe (II. Farbe): Randm., ★ 1 M r, folg. Masche li abh. (der Faden liegt hinter der M). Ab ★ wiederholen, Randm.
3. Reihe (II. Farbe): die gestr. M der Vorreihe r str. und die abgeh. M der Vorreihe wieder li abh., der Faden liegt jedoch vor den Maschen.
4. Reihe (I. Farbe): die M in I. Farbe r verdr. str., übrige M li abh. (der Faden liegt hinter den M).
5. Reihe (I. Farbe) wie die 3. Reihe.
6. Reihe (II. Farbe): die M in II. Farbe r str., übrige M li abh. (der Faden liegt hinter den M).
3.—6. Reihe fortlaufend wiederholen.

84
Gestricktes Tweedmuster

Gerade Maschenzahl.
Das zweifarbige Tweedmuster wird in der Runde rechts ge-strickt. Bei hin- und hergehenden Reihen, also bei offener Ar-beit, strickt man die Hinreihen rechts und die Rückreihen links. Für den Anschlag benützt man nur eine der beiden Far-ben. Ab der 1. Reihe strickt man abwechselnd 1 Masche hell und 1 Masche dunkel. Man wickelt beide Farben zugleich auf den Finger, da sich bei jeder 2. Masche die Fadenlänge aus-gleicht. Bei der 2. Reihe und den folgenden Reihen strickt man die dunklen Maschen der Vorreihe hell und die hellen Ma-schen der Vorreihe dunkel.

85
Strickmuster

86
Der Farb-
wechsel beim
Stricken

87
Der Farb-
wechsel schräg

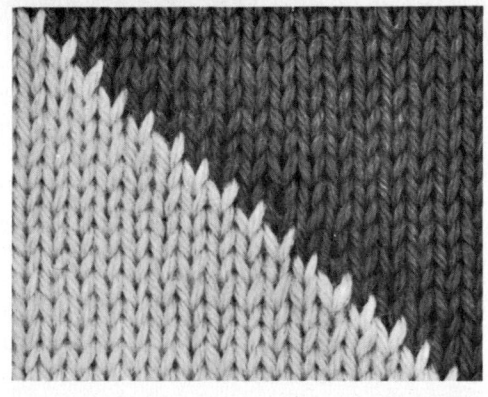

85
Strickmuster

Beliebige Maschenzahl.

1. Reihe (II. Farbe): Randm., ★ 1 M r, 1 M li, 1 M li abh. (Faden hinter der M), 1 M li. Ab ★ wiederholen, Randm.

2. Reihe (II. Farbe): M str. wie sie erscheinen, die abgeh. M wieder li abh., dabei liegt der Faden vor der M.

3. Reihe (I. Farbe): Randm., ★ 1 M li abh. (Faden hinter der M), 1 M li, 1 M r, 1 M li. Ab ★ wiederholen, Randm.

4. Reihe (I. Farbe) wie 2. Reihe.

1.—4. Reihe fortlaufend wiederholen.

86
Der Farbwechsel beim Stricken

Bei fehlerloser Arbeit geht der Farbwechsel ohne jede »Gasse« oder sonstige Unebenheit vonstatten. Die nebenstehende Abbildung zeigt den Wechsel der Farben gerade aufwärts. Dabei ist folgendes zu beachten: wurde die letzte Masche hell gestrickt und folgt die nächste Masche dunkel, so legt man den hellen Arbeitsfaden über den dunklen Faden und arbeitet dunkel weiter. Somit umschlingt der helle Faden den dunklen Faden, und die Verbindung ist hergestellt. Die Abbildung zeigt die Rückreihe; es wurde dunkel gestrickt und nun folgt die helle Farbe. Auch hier wird der dunkle Faden vorgelegt.

87
Der Farbwechsel schräg

Hier ist der Farbwechsel schräg aufwärts gearbeitet und die Verschlingung beider Farben nicht notwendig. Wird jedoch nur bei jeder 2. Reihe die Farbe um 1 Masche abgeschrägt, so müssen in der Reihe, in der nicht abgeschrägt wird, die Fäden wie oben einmal umschlungen werden.

Norwegermuster

88
Strickmuster

Man arbeitet nach dem Typenmuster »glatt rechts«, in den Hinreihen fortlaufend von ★ bis ★★ und 1mal von ★★ bis ∅, in den Rückreihen 1mal von ∅ bis ★★ und fortlaufend von ★★ bis ★.

1.—8. Reihe fortlaufend wiederholen.

88
Strickmuster

Zeichenerklärung:
□ = I. Farbe
× = II. Farbe
1 Mustersatz =
8 Maschen

Typenmuster

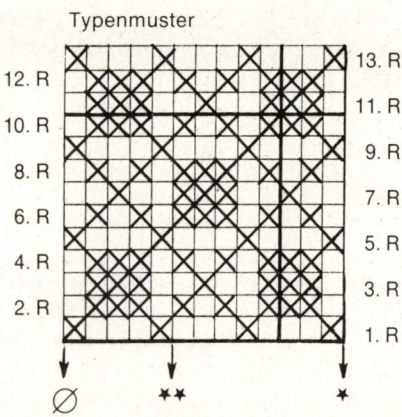

89
Strickmuster

Man arbeitet »glatt rechts« nach dem Typenmuster.

89
Strickmuster

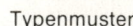

Typenmuster

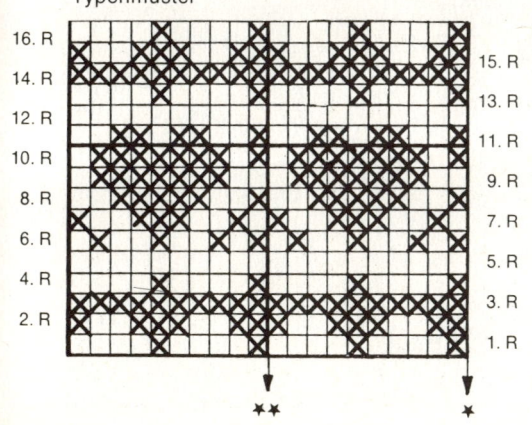

Zeichenerklärung:
□ = Grundfarbe
✕ = Schmuckfarbe
1 Mustersatz =
10 Maschen

90 Strickmuster

91 Der Strick- oder Maschenstich

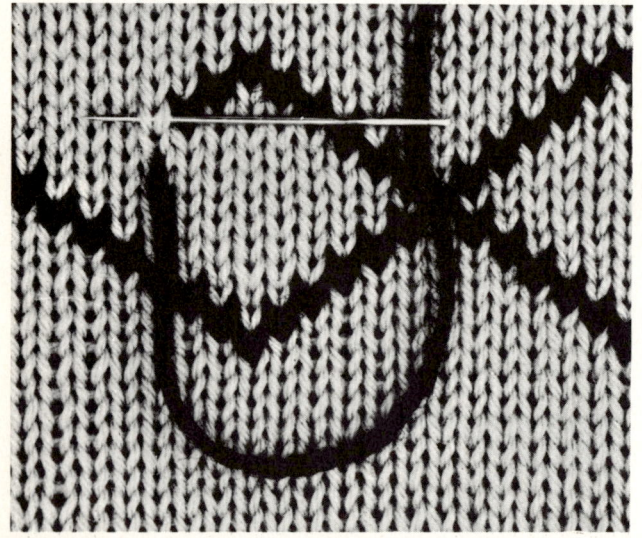

90
Strickmuster

Man arbeitet »glatt rechts« nach dem Typenmuster.

Zeichenerklärung:
☐ = Grundfarbe
✕ = Schmuckfarbe
1 Mustersatz = 50 Maschen

91
Der Strick- oder Maschenstich

Auf einer glatten Rechtsfläche läßt sich ein mehrfarbiges Muster auch durch Aufsticken im Maschenstich erzielen. Die Wir-
kung entspricht der Norweger-Strickart, ist aber leichter auszuführen als diese. Vor allem bei weitläufigen und großen Mustern ist das Aufsticken vorzuziehen, da beim Stricken auf der
Rückseite zu lange Überbrückungsfäden stehenbleiben. Der
Maschenstich kann nach jeder Kreuzstichmuster-Vorlage gearbeitet werden. Der Stickfaden soll nicht dünner als der ver-
strickte Faden sein. Die gestrickte Rechtsmasche wird wie folgt
überstickt: am Fuß der Masche ausstechen, unter der oben
darüberliegenden Masche durchfahren, wieder am Fuß der
Masche bei der Ausstichstelle einstechen, Faden nach hinten
durchziehen.

1
Wadenabneh-
men mit
Nähtchen

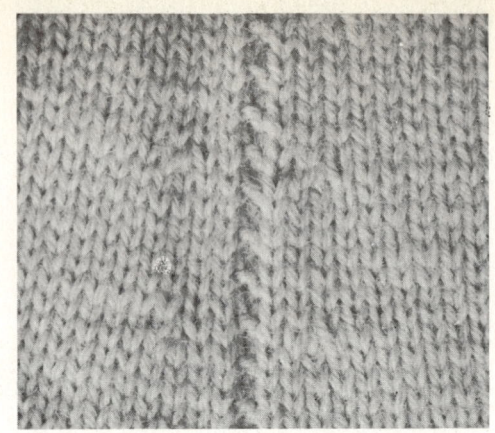

Wadenab-
nehmen ohne
Nähtchen

Stricken einzelner Stücke

Hinweise zum Stricken eines Strumpfes

1
Das Nähtchen und Wadenabnehmen
bei rechtsgestrickten Strümpfen

Bei handgestrickten Strümpfen wird an Stelle der hinteren Naht das Nähtchen gearbeitet. Es wird hier die letzte Masche der 4. Nadel bei jeder 2. Reihe links gestrickt. Von der Wade nach unten bis zur Ferse wird der Strumpf durchschnittlich um ein Viertel enger, wozu man Maschen abnehmen muß. Abgenommen werden 2 Maschen in einer Runde, und zwar zu beiden Seiten des Nähtchens je 1 Masche. Das Abnehmen wird zuerst auf der 4. und dann auf der 1. Nadel ausgeführt. Die 4. Nadel wird bis auf 4 Maschen abgestrickt, die beiden nächsten Maschen werden rechts zusammengestrickt, es folgt 1 Masche rechts, Nähtchen. Auf der 1. Nadel strickt man zuerst 2 Maschen rechts und dann 2 Maschen rechts zusammen. Zwischen den einzelnen Abnehmerunden werden 6—10 Runden glatt gestrickt.

Die nebenstehende Abbildung zeigt das Wadenabnehmen ohne Nähtchen.
4. Nadel: bis auf die letzten 3 Maschen stricken, die beiden folgenden Maschen rechts zusammenstricken, 1 Masche rechts.
1. Nadel: 1 Masche rechts, die folgenden 2 Maschen rechts zusammenstricken, die Nadel rechts zu Ende stricken.

2 Die Ferse

3
Das dreiteilige
Käppchen

2
Die Ferse

Zur Ferse benötigt man die Hälfte der Maschenzahl. Mit dem
Stricken der Ferse wird in hinterer Mitte begonnen, die 1.
Nadel gestrickt, gewendet, die 1. und 4. Nadel gestrickt, gewendet und so fort. Die gewöhnliche Ferse zeigt auf beiden
Seiten neben der Randmasche ein Doppelnähtchen. Man
strickt auf der Vorderseite die beiden letzten Maschen vor der
Randmasche der 1. Nadel und die 2 ersten Maschen nach der
Randmasche der 4. Nadel stets links ab. Auf der Rückseite
wird durchweg links gestrickt. Die Ferse erhält so viele Doppelnähtchen oder Randmaschen, wie $1/3$ der Anschlagmaschen beträgt. Bei einer glatten Ferse strickt man die Vorderseite rechts
und die Rückseite links. Die Abbildung zeigt die Ferse mit
seitlichen Nähtchen. Die erste und letzte Masche ist eine einfache Randmasche (siehe Seite 27).

3
Das dreiteilige Käppchen

Das dreiteilige Käppchen wird auf der Vorderseite in der Mitte
der Ferse begonnen. Die Maschen einer Fersennadel werden in
3 Teile geteilt. Man strickt beispielsweise bei 18 Maschen 6
Maschen rechts, die 7. und 8. Masche rechts verdreht zusammen und wendet die Arbeit. Dadurch entsteht eine Lücke. Die
1. Masche hebt man links ab und strickt links zurück bis zur
Mitte und von der anderen Nadel noch 6 Maschen dazu. Die 7.
und 8. Masche strickt man auf dieser Seite links zusammen.
Die Arbeit wenden, die 1. Masche rechts abheben und rechts
stricken bis 1 Masche vor der Lücke. Von jetzt an wird immer
die Masche vor und nach der Lücke auf der Vorderseite rechts
verdreht und auf der Rückseite links zusammengestrickt, bis
die Maschen des 1. und 3. Drittels aufgebraucht sind.

4
**Die Verbin-
dung von Ferse
und Spann**

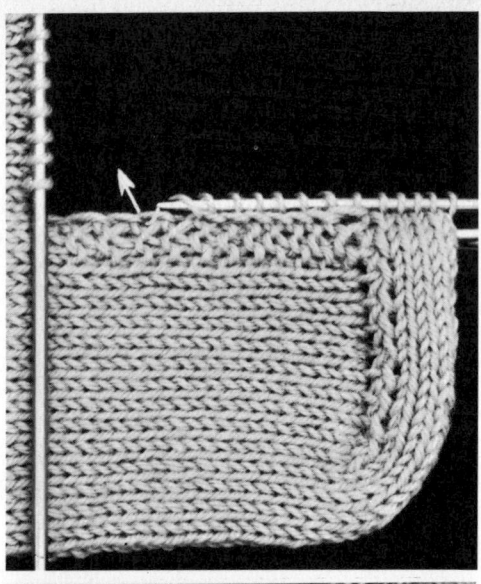

5
**Das Spickel-
abnehmen**

4

Die Verbindung von Ferse und Spann

Hierzu werden die Randmaschen längs der Ferse aufgefaßt.
Man verteilt die Käppchenmaschen auf 2 Nadeln. Jede Nadel
faßt an der Ferse abwärts die Maschen auf, und zwar stets das
hintere Glied der Randmasche (siehe Abbildung). Dieselben
werden bei der ersten Runde verdreht abgestrickt. Damit in
den Ecken, an denen sich die Randmaschen mit den Maschen
der Spann-Nadeln treffen, keine Löcher entstehen, kann je 1
Querglied aufgefaßt werden.
Man kann auch die Randmaschen aufstricken. Es werden
dabei beide Glieder von vorn nach hinten gefaßt, dann wird
der Faden geholt und durchgezogen. Wenn man kein Doppelnähtchen strickt, ist diese Art vorzuziehen.

5

Das Spickelabnehmen

Nachdem die Maschen von Ferse und Spann wieder in einer
Runde liegen, strickt man 2 Runden rechts. Nun beginnt das
Spickelabnehmen auf der 1. und 4. Nadel. Die 1. Nadel strickt
man bis auf 3 Maschen, die zweit- und drittletzte Masche
rechts zusammen. Auf der 4. Nadel strickt man 1 Masche
rechts, die 2. und 3. Masche rechts verdreht zusammen. Diese
Abnehmerunde wird für gewöhnlich so oft wiederholt, bis man
wieder so viele Maschen hat wie vor Beginn der Ferse. Über die
Abnehmerunden werden immer 2 Runden glatt gestrickt.

6
Einfache Strumpfspitze

Beim Schlußabnehmen soll auf jeder Nadel 2mal abgenommen werden, einmal in der Mitte und einmal am Ende jeder Nadel. Beispiel: es befinden sich 18 Maschen auf einer Nadel.

1. Abnehmerunde: 7 Maschen stricken, abnehmen, 7 Maschen stricken, abnehmen usf., 7 Runden darüber;
2. Abnehmerunde: 6 Maschen stricken, abnehmen usf., 6 Runden darüber;
3. Abnehmerunde: 5 Maschen stricken, abnehmen usf., 5 Runden darüber;
4. Abnehmerunde: 4 Maschen stricken, abnehmen usf., 4 Runden darüber;
5. Abnehmerunde: 3 Maschen stricken, abnehmen usf., 3 Runden darüber;
6. Abnehmerunde: 2 Maschen stricken, abnehmen usf., 2 Runden darüber;
7. Abnehmerunde: 1 Masche stricken, abnehmen usf., 1 Runde darüber.

Von jetzt an wird ohne Zwischenrunde abgenommen, bis die Runde noch 8 Maschen zählt, dann wird der Faden abgebrochen und mit einer Straminnadel durch die Maschen gezogen. Durch die ersten 2 Maschen muß der Faden nochmals durchgeführt werden. Auf der Rückseite wird der Arbeitsfaden vernäht.

Dieses Schlußabnehmen heißt Kreisabnehmen.

6
Einfache
Strumpfspitze

7
Einfaches Schlußabnehmen auf andere Art

Bei diesem Abnehmen wird auf jeder Nadel nur einmal abgenommen, indem man am Schluß der Nadel die zweit- und
drittletzte Masche zusammenstrickt. Bei dem 1. Drittel der
Abnehmerunden folgen auf jede Abnehmerunde 2 Runden
glatt, bei dem 2. Drittel über jede Abnehmerunde 1 Runde
glatt. Beim letzten Drittel wird in jeder Runde abgenommen,
bis in der Runde noch 8 Maschen sind, die zum Schließen des
Strumpfes bleiben. Um die Abnehmerunden berechnen zu
können, werden zu Beginn 8 Maschen von der Maschenzahl
abgezogen. Zählt die Runde z. B. 68 Maschen, so sollen durch
Abnehmen 60 Maschen verlorengehen. In einer Abnehmerunde
verliert man 4 Maschen, das sind bei 15 Abnehmerunden 60
Maschen. Das Abnehmen verteilt man also auf folgende Weise:
5mal über die Abnehmerunde je 2 Runden glatt, 5mal über die
Abnehmerunde je 1 Runde glatt, 5 Abnehmerunden ohne
glatte Zwischenrunden.

7
Einfaches
Schlußabneh-
men auf
andere Art

8
Bandförmiges Schlußabnehmen

Dieses wird am Schluß der 1. Nadel und am Anfang der 2. Nadel, am Schluß der 3. Nadel und am Anfang der 4. Nadel ausgeführt.
Die 1. Nadel bis auf 3 oder 4 Maschen stricken, je nachdem man das Band 2 oder 4 Maschen breit wünscht, dann rechts abnehmen, 1 oder 2 Maschen stricken.
2. Nadel: 1 oder 2 Maschen stricken, verdreht abnehmen. Die 3. und 4. Nadel wird ebenso gestrickt wie die 1. und 2. Nadel. Damit sich das verdrehte Abnehmen schöner legt, kann man zuerst die beiden Maschen eine nach der andern rechts abheben, mit der linken Nadel in die beiden Maschen von der Seite wieder einstechen und verdreht abstricken. Über die erste Abnehmerunde strickt man 3 Runden, über die 2. und 3. Abnehmerunde 2 Runden und über die 4., 5. und 6. Abnehmerunde je 1 Runde glatt. Von jetzt an wird in jeder Runde abgenommen, bis außer der Bandbreite zu beiden Seiten noch 1 oder 2 Maschen stehen. Nun faßt man die Maschen der 1. und 4. Nadel sowie die Maschen der 2. und 3. Nadel auf je eine Nadel und verbindet die gegenüberliegenden Maschen durch eine Stricknaht oder durch Zusammenstricken auf der Rückseite.

8
Bandförmiges
Schlußabneh-
men

9
Wadenstrümpfe

Größe 9
Material: 100 g Strumpfwolle, 1 Spiel Strumpfstricknadeln
2 mm.
Anschlag: 68—72 Maschen. Bis zur Ferse werden 13—14 cm
im Rippenmuster 1 Masche rechts verdreht, 1 Masche links
gestrickt. Vor der Ferse werden 4—5 Runden rechts gestrickt,
wobei in der 1. Runde auf jeder Nadel eine Masche abgenommen wird. Die Fersenhöhe zählt 10—11 Zöpfchen oder Doppelnähtchen. Die Länge ab Ferse bis zur Strumpfspitze mißt
man an einem passenden Strumpf. (Für Käppchen, Spickelabnehmen, Strumpfspitze siehe Einzelbeschreibungen Seite 161
bis 166.)

10
Herrensocken, glatt gestrickt

Material: 130 g Strumpfwolle, 1 Spiel Strumpfstricknadeln
2 mm.
Maschenanschlag auf 4 Nadeln je 20 Maschen, dann in der
Runde 2 rechte, 2 linke Maschen oder 1 rechts verdrehte, 1
linke Masche stricken bis zur Höhe von 8 cm, das ist etwa nach
40 Runden. Nun werden 18 cm rechts gestrickt (90 Runden).
Ab hier siehe Einzelbeschreibungen für Ferse, Käppchen,
Spickelabnehmen, Schlußabnehmen Seite 161—166.
Die Länge des Fußes richtet sich nach einem passenden
Mustersocken.

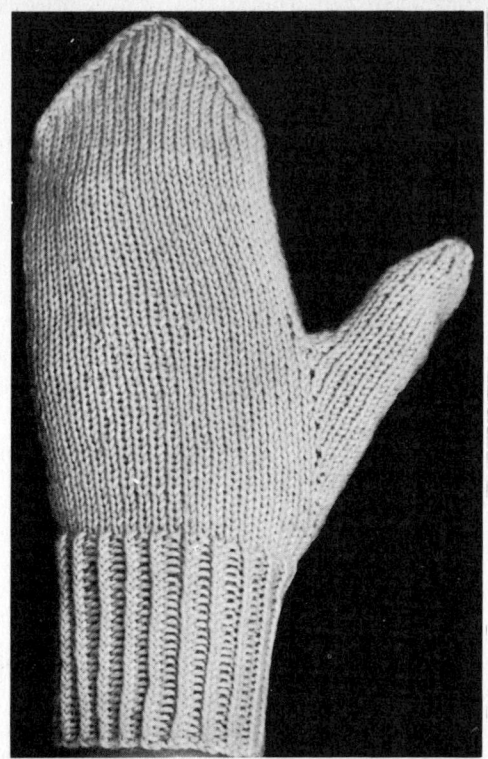

11
Kinder-Faust-
handschuhe

Spickel-
zunehmen für
den Daumen

Kinder-Fausthandschuhe

11
Kinder-Fausthandschuhe (für etwa 8—10jährige)

Material: 80 g mittelstarke Wolle, 1 Spiel Strumpfstricknadeln
2 ½ mm.
Anschlag: 42 M. Man strickt das Bündchen im Rippenmuster
1 M r verdr./1 M li. Nachdem das Bündchen etwa 6 cm (25
Runden) hoch ist, werden 7 Runden rechts gestrickt. Nun mit
dem Spickel für den Daumen beginnen.

Es wird zu Beginn der 1. Nadel 1 M zugenommen (das waagrechte Zwischenglied wird heraufgeholt und verdreht abgestrickt), 1 M gestrickt und wieder 1 M zugenommen. Hierauf
folgen 2 Runden ohne zuzunehmen. Dann wird rechts und
links von den zuerst zugenommenen M abermals zugenommen; man nimmt also gleich zu Beginn der Nadel zu, strickt
3 M und nimmt wieder zu. Es folgen abermals 2 Runden, dann
rechts und links von den zuletzt zugenommenen M 1 M zunehmen. Dies wird so lange fortgesetzt, bis der Spickel etwa ⅓
der Anfangsmaschen zählt (bei unserem Handschuh 15 M).

Der Daumen

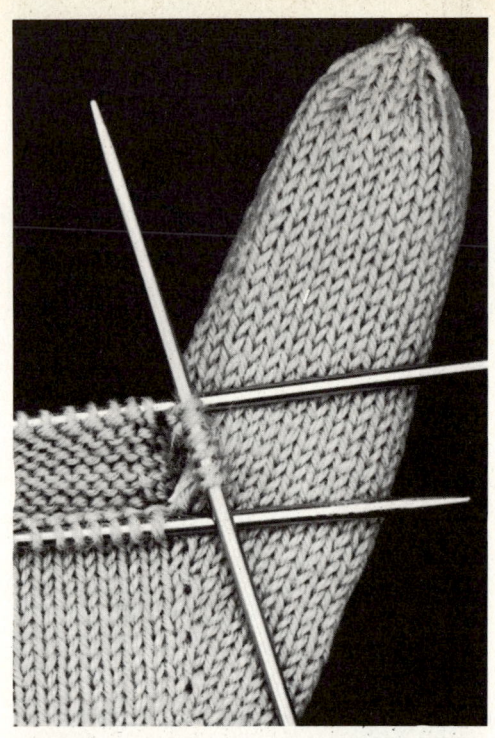

Das
Abnehmen

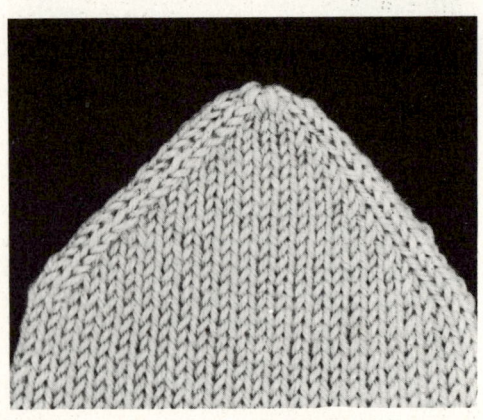

Der Daumen. Sämtliche M vom Spickel sind auf 3 Nadeln zu verteilen, dazu werden noch 5 weitere M mit einem Hilfsfaden angeschlagen. Dann strickt man den Daumen in der Runde, die 5 angeschlagenen M nimmt man in jeder 2. Runde in Spickelform wieder ab. Die 1. neuangeschlagene M wird mit der M davor r verdr. zus.gestr. Die 5. neu angeschlagene M wird mit der M danach r zus.gestr. Dies in folgender 2. Runde noch 1mal wiederholen (16 M). 13 Runden darüberstr. (Die Länge des Daumens stimmt für gewöhnlich mit der Länge des Spikkels überein.) Man schließt in der Weise, daß 2 M zwischen das Abnehmen und nach diesem 2 Runden, dann 1 M zwischen das Abnehmen und nach diesem 1 Runde gestrickt werden. Die letzten 4 bis 6 M von links zusammenziehen.

Nach Vollendung des Daumens werden die zum Spickelchen angeschlagenen 5 M (nachdem der Anschlag aufgetrennt ist) aufgefaßt und den übrigen M angereiht. Wie beim Daumen, so werden sie auch hier wieder in Spickelform abgenommen.

Zur Handfläche braucht man von der Borte bis zum Abnehmen 58 Runden.

Die nebenstehende Abbildung zeigt das Abnehmen. Es werden auf der ersten Nadel die 2. und 3. M zusammengestrickt, auf der zweiten Nadel die drittletzte und vorletzte M, auf der dritten Nadel die 2. und 3. M und auf der vierten Nadel die drittletzte und vorletzte M. Abgenommen wird in jeder 2. Runde.

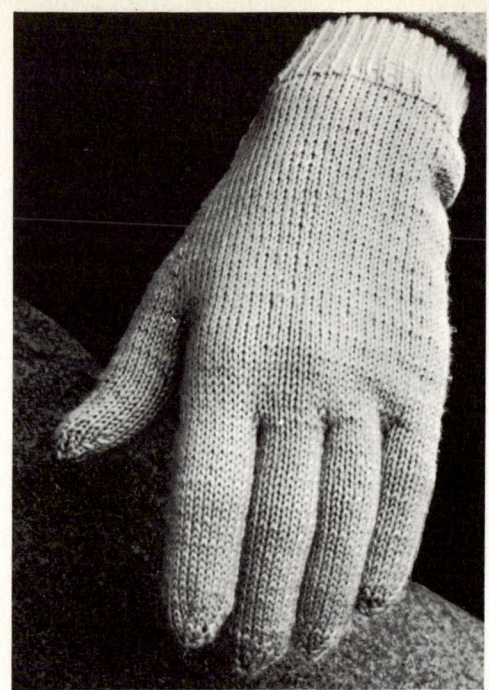

Der kleine
Finger

Hinweise zum Stricken eines Fingerhandschuhs

12
Fingerhandschuhe

Material: Nomotta Regia 4fach 100 g,
je 5 »PERL-INOX«-Spielstricknadeln 2 mm und 2½ mm.
Man schlägt 60—68 M an (Nd. 2 mm) und strickt das Bündchen im Rippenmuster 2 M r, 2 M li oder 1 M r verdr., 1 M li
30 Runden hoch. Dann weitere 10 Runden rechts oder in
einem beliebigen Muster (Nd. 2½ mm).
Stricken des Spickels für den Daumen.
Nach dem geraden Teil wird der Spickel für den Daumen begonnen. Er wird wie beim Kinder-Fausthandschuh (S. 169 ff.) gearbeitet. Das Zunehmen wird jedoch so lange fortgesetzt, bis
der Spickel ⅓ der Anfangsmaschen zählt, bei 64 = 21, bei 72
= 24 M.
Der Daumen wird wie bei den Kinder-Fausthandschuhen
(S. 171) gearbeitet.

Nach Vollendung des Daumens werden die zum Spickelchen
angeschlagenen 5 M (nachdem der Anschlag aufgemacht ist),
aufgefaßt und den übrigen M angereiht. Wie beim Daumen, so
werden sie auch hier wieder in Spickelform abgenommen. Nun
strickt man etwa 18 Runden darüber und beginnt dann mit
dem Stricken der Finger. Damit der Daumen etwas einwärts
gegen die innere Handfläche kommt, werden 5 M von der 4.
auf die 1. Nadel genommen.
Bei der Verteilung der Maschenzahl auf die 4 Finger nimmt
man für den Zeigefinger 4 M mehr. Diese 4 M von der An-
schlagmaschenzahl abgezogen und der Rest in 4 Teile geteilt,
ergibt die Maschenzahl eines Fingers. Zum Beispiel bei 64 M:
Anschlag 64 — 4 = 60 : 4 = 15, auf jeden Finger kommen
also 15 M. Zuerst wird der kleine Finger gestrickt.

Beim kleinen Finger nimmt man 8 M von innerer Handfläche, 7 M vom Handrücken, schlägt mit Hilfsfaden 3 M neu an, so daß es im ganzen 18 M sind. Mit diesen strickt man bis zur erforderlichen Länge, dann zur Spitze abnehmen, wie beim Daumen beschrieben.

Nun den Hilfsfaden aus den 3 neuangeschl. M entfernen, die M zu den restl. 49 M nehmen und 2 Runden über alle M str.

Ringfinger: 3 neuangeschl. M, 7 M von innerer Handfläche, 2 M mit Hilfsfaden neu anschlagen, 8 M vom Handrücken (20 M).

Mittelfinger: Hilfsfaden aus den 2 neuangeschl. M entfernen, dazu einen Querfaden als 1 M heraufholen, 7 M von innerer Handfläche, 3 M mit Hilfsfd. neu anschl., 8 M vom Handrücken (21 M).

Zeigefinger: Zu den 3 neuangeschl. M des Mittelfingers die restl. 19 M nehmen (22 M).

Der zweite Handschuh wird entgegengesetzt gearbeitet. Vor der Einteilung der M werden 5 M von der 1. Nadel auf die 4. Nadel genommen.

Details an Stricksachen

Verschiedene Säume

1

Das Stricken eines Saumes mit Schafzähnchen

Die erforderliche Maschenzahl wird aus 1 Masche angeschlagen (siehe Seite 9 f). Dann werden, der Breite des Saumes entsprechend, einige Reihen »glatt rechts« (= Hinreihen rechts, Rückreihen links) gestrickt. Lochreihe (Hinreihe): ★ umschlagen (den Arbeitsfaden von vorn nach hinten über die rechte Nadel legen), 2 Maschen rechts zusammenstricken. Ab ★ wiederholen. Es folgen wieder einige Reihen »glatt rechts«, und zwar 1 Reihe mehr als vor der Lochreihe (dabei in 1. Reihe = Rückreihe alle Maschen, auch die Umschläge, links stricken).

1
Das Stricken
eines Saumes
mit
Schafzähnchen

Aufstricken
des Saumes

2
Befestigen
eines ange-
strickten
Saumes am
Ende der
Arbeit

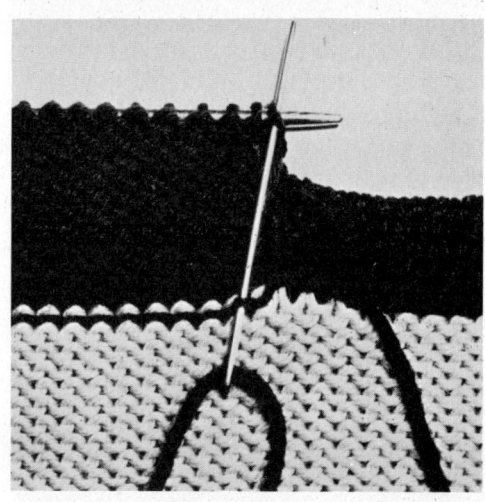

3
Rand bei glatt
gestrickten
Arbeiten

Aufstricken des Saumes

Mit einer Hilfsnadel werden die Anschlagmaschen von hinten nach vorn aufgefaßt. Die Nadel mit den Anschlagmaschen legt man nun hinter die Nadel und strickt stets eine Masche der vorderen und eine Masche der hinteren Nadel rechts zusammen. (Man achte darauf, daß sich die senkrechten Maschenreihen nicht verschieben).

2
Befestigen eines angestrickten Saumes am Ende der Arbeit

Ein Rand oder Saum (Rocksaum) kann auf folgende Art befestigt werden: nachdem die Breite des Randes oder Saumes gestrickt ist, wird diese auf die Rückseite gelegt und durch Annähen mit einer Stopfnadel befestigt. ★ Man führt die Stopfnadel von hinten nach vorn durch die erste Masche, faßt ein waagrechtes Glied der betreffenden Reihe, an welche gesäumt werden soll. Ab ★ wiederholt man den Vorgang fortlaufend, stets das folgende, waagrecht liegende Maschenglied fassend. Die Abbildung ist zweifarbig, um das Ansäumen deutlicher zu zeigen.

3
Rand bei glatt gestrickten Arbeiten

Bekanntlich rollt sich der Rand bei »glatt rechts« gestrickten Arbeiten ein, was auch durch Dämpfen kaum zu verhindern ist. Es ist daher ratsam, nach dem Anschlag einige Reihen »kraus« (hin- und hergehend rechts) zu stricken. Diese Strickart wird zu beiden Seiten am Rand entlang etwa 3—4 Maschen breit weitergeführt.

Kanten und Eckbildungen

Zu einem ordentlich ausgeführten Strickstück gehören exakte Kanten. Wir zeigen hier verschiedene Möglichkeiten.

4
Glatte Kante

Der Umbug wird nach oben geschlagen. Sehr wichtig ist, daß die Bruchkante genau entlang einer Maschenreihe läuft. Der Rand wird mit unsichtbaren Stichen aufgenäht oder ist in entsprechender Höhe mit dem Gestrick zusammenzustricken, d. h., es werden die Anschlagmaschen mit den Maschen des Gestrickes aufgestrickt.

5
Kante mit einer Linksrippe

Hierbei ist beim Stricken der Bruchkante eine rechts erscheinende Linksrippe zu stricken. Der Rand ist wie bei der glatten Kante festzunähen oder anzustricken.

6
Vorderkante — glatt rechts gestrickt

Glatt rechts gestrickte Vorderkanten sind doppelt zu stricken, da sich sonst das Gestrick einrollt und keinen festen Halt hat. Um eine besonders schöne und feste Kante zu erhalten, arbeitet man die Masche, die am Bruch entlangläuft, wie folgt:
rechte Seite der Arbeit: 1 Masche rechts,
linke Seite der Arbeit: 1 Masche heben, dabei den Faden vor die Arbeit legen.

Beim Konfektionieren ist der Umbug nach innen zu schlagen und der Rand mit überwendlichen Stichen unsichtbar anzunähen. Es ist besonders darauf zu achten, daß die Kante exakt entlang der oben beschriebenen Masche verläuft.

Umbug nach innen schlagen

7   Ecke rechtwinkelig, erste Art
Maschenanschlag mit einem andersfarbigen Faden an der Vorderkante

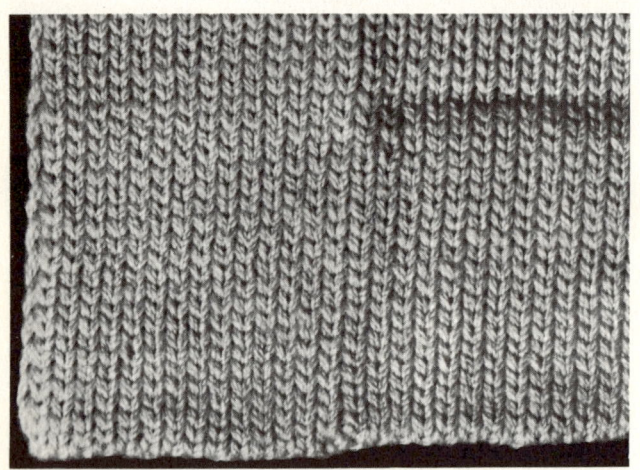

Die fertige Ecke

Von nicht minder großer Wichtigkeit ist die gute Ausführung von Ecken, rechtwinkelig oder abgerundet. Die bestgearbeitete Jacke verliert, wenn ihre unteren Ecken schief oder ungleichmäßig gearbeitet sind.

Wir wollen Ihnen mehrere Ausführungsmöglichkeiten beschreiben:

7
Ecke, rechtwinkelig, erste Art

Angenommen, der Umbug unten und seitlich beträgt 4 cm. Um unten und seitlich einen doppelten Rand zu erhalten (es darf auf keinen Fall Stellen geben, an denen das Gestrick dreifach übereinanderkommt), schlägt man für den unteren Rand (Umbug) Maschen in Breite von 8 cm weniger an und strickt 4 cm hoch. Nun schlägt man an der Vorderkante mit einem andersfarbigen Faden (er wird später entfernt) Maschen in Breite von 8 cm an und strickt das Vorderteil weiter. Nach Beendigung und erfolgtem Dämpfen wird der bunte Faden ausgezogen, so daß freie Maschen in einer Breite von 8 cm entstehen. Die Vorderkante wird 4 cm nach innen umgeschlagen und die Maschen, die sich nun unten gegenüberstehen, werden im Maschenstich (s. S. 223 f.) zusammengenäht. Dann werden unten 4 cm nach innen eingeschlagen und mit überwendlichen Stichen angenäht. Der verbliebene Schlitz entlang der Vorderkante wird von außen mit unsichtbaren Zickzackstichen (s. S. 227) sauber zusammengenäht.

8 Ecke, rechtwinkelig, zweite Art   Vorderseite

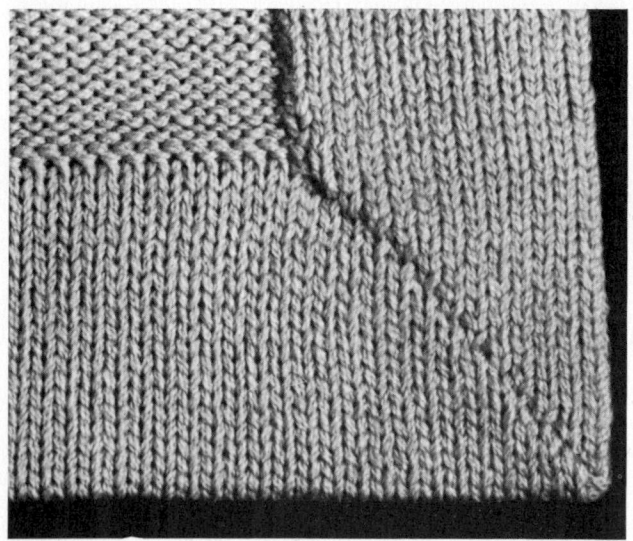

Rückseite

8
Ecke, rechtwinkelig, zweite Art

Soll der Umbug unten und seitlich 4 cm betragen, so beginnt man wiederum mit Maschen im Werte von 8 cm weniger. Man nimmt nun am Beginn jeder Nadel an der Vorderkante je 1 Masche zu. Nach 4 cm Höhe läßt man die zweite Masche vom unteren Rand aus als Masche, die die Vorderkante bildet, hochlaufen und nimmt während der weiteren 4 cm wiederum an der Vorderkante bei Beginn jeder Nadel 1 Masche zu. Dann strickt man das Vorderteil weiter. Nach Beendigung und Ausdämpfen der Vorderteile werden die untere und vordere Kante 4 cm nach innen geschlagen, wie oben beschrieben angenäht und der schräge Schlitz von außen mit unsichtbaren Zickzack-Stichen (s. S. 227) geschlossen.

9   Ecke, abgerundet, Umbug

9
Ecke, abgerundet

Man strickt zuerst den Umbug in der ganzen Breite des Vorderteils. Dann rechnet man anhand des Schnittes aus, über
wieviel Maschen und Reihen die Rundung zu stricken ist, und
strickt sie in verkürzten Reihen. Dann schlägt man Maschen in
Breite des Umbuges an und strickt das Teil fertig. Wir beschreiben unser Beispiel:
Bei unserem Gestrick betragen 30 Maschen in der Breite und
42 Reihen in der Höhe = 10 cm. Der Umbug ist 2,5 cm hoch,
also 7 Maschen breit und 11 Reihen hoch.
Die Rundung soll über 30 Maschen und 30 Reihen gestrickt
werden. Die ganze Breite des Vorderteils beträgt 25 cm =
75 Maschen.
Man schlägt das Vorderteil mit 75 Maschen an und strickt 11
Reihen für den Umbug gerade. Dann folgt das Stricken der
verkürzten Reihen (s. S. 40). Von der Seitenkante beginnend
strickt man zunächst 45 Maschen, wendet, strickt zurück und
bei der nächsten Reihe 5 Maschen mehr, dann 1mal 4 Maschen, 1mal 3 Maschen, 6mal 2 Maschen und 6mal 1 Masche.
Nachdem nun alle Maschen wieder mitgestrickt sind, schlägt
man an der Vorderkante für den seitlichen Umbug 7 Maschen
neu an und strickt das Vorderteil nach Schnitt fertig. Das Aus-
rechnen der zu strickenden Reihen und Maschen für die Rundung kann Ihnen Ihre Maschenprobe sehr erleichtern. Sie legen Ihre Maschenprobe unter den Schnitt und zählen die Maschen und Reihen einfach ab.
Als Vorbereitung für das Dämpfen ist es ganz außerordentlich
wichtig, daß die vordere Rundung genau nach Schnitt aufge-
steckt wird (die Anschlagsreihe des unteren Umbugs darf nicht
ausgedehnt werden).

Beim Konfektionieren wird nach dem Dämpfen der Umbug nach innen geschlagen und mit unsichtbaren Stichen wie oben beschrieben angenäht. Der verbleibende Schlitz wird am Schluß mit Zickzackstichen von außen sauber zusammengefaßt.

Ecke, abgerundet, Vorderseite

Halsausschnitte, Kragen, Taschen

10
Halsausschnitte

Oft liegt bei Strickmodellen die besondere Note in der Ausarbeitung der Ausschnittpartie. Es muß deshalb hier eine besondere Sorgfalt an den Tag gelegt werden. Wir geben Ihnen nachstehend Anregungen verschiedener Art.

1. Enganliegendes Halsbündchen
Die Maschen des geraden Rückenausschnittes werden nicht abgekettet, sondern bleiben für das Bündchen stehen. In den Rand des vorderen Ausschnittes zieht man Markierungen im

10/1.   Enganliegendes Halsbündchen, Herausstricken der Maschen

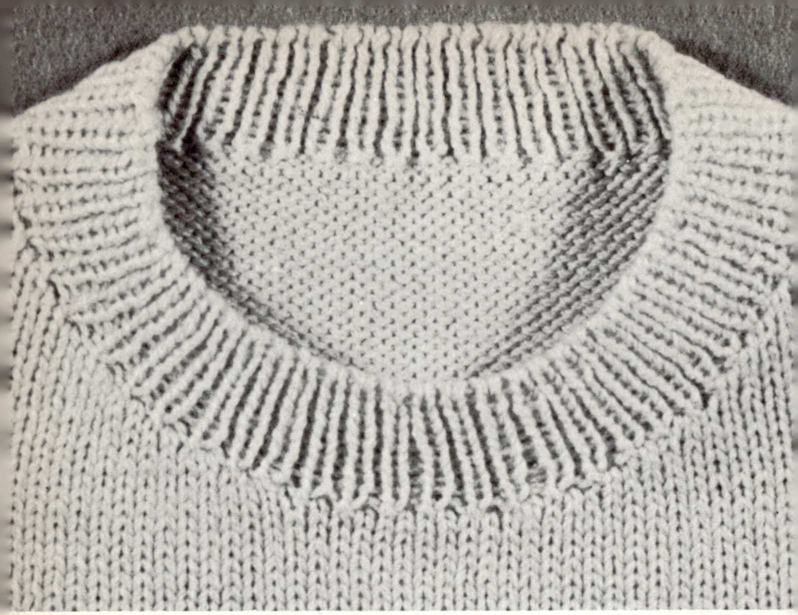

Fertiges Halsbündchen

10/2. Viereckiger Halsausschnitt

Abstand von 1 cm ein. Nun errechnet man anhand einer Maschenprobe die Anzahl der Maschen für das ganze Bündchen und teilt diese durch die Anzahl der cm des Halsausschnittes. Die erhaltene Zahl entspricht den Maschen, die auf 1 cm aus dem Rand herauszustricken sind. Die Maschen für das Bündchen werden nicht aus den Randmaschen direkt, sondern aus den darunterliegenden Maschen herausgestrickt. Liegen die einzelnen Maschen zu weit auseinander, dann sind aus den dazwischenliegenden Quergliedern Maschen verdreht herauszustricken.

Man strickt in der Runde oder, wenn der Halsausschnitt sehr eng ist, geteilt (am Rückenteil ist dann ein Reißverschluß einzuarbeiten) in der Technik 1 M r/1 M li im Wechsel.
Nach etwa 5 cm kettet man locker ab, schlägt das Bündchen zur Hälfte nach innen und näht es leicht mit Hexenstichen an. Ist die verarbeitete Wolle sehr dick, genügt es, nur etwa 2 cm hoch zu stricken und alle Maschen sorgfältig abzuketten.

2. Viereckiger Halsausschnitt
Von der vorderen Mitte des Pullovers aus bleiben nach beiden Seiten die Maschen für die Halsausschnittbreite stehen (also nicht abketten), man faßt sie auf einen Hilfsfaden. Bei der Festlegung der Ausschnittbreite ist zu berücksichtigen, daß der Besatz ringsherum 2 cm breit wird. Die übrigen Maschen strickt man wie gewöhnlich bis zur Schulterlinie. Nach Schließung der Schulternähte faßt man die Randmaschen ringsherum auf 4 Nadeln (Ausrechnung, Verteilung und Herausstricken der Maschen an den Seitenkanten s. 1. Enganliegendes Halsbündchen) und strickt den ganzen Besatz in der Runde in der Technik 1 M r/1 M li 2 cm hoch.
Eckenbildung: 1. Reihe: die 2. M vor der Eckm. abheben, die folgende M rechts stricken, die abgehobene M überziehen, die Eckm. rechts stricken, die beiden folgenden M rechts zusammenstricken.
2. Reihe: die 2. M vor der Eckm. abheben, die folgende M rechts stricken und die abgehobene M überziehen, die Eckm. links stricken, die folgenden 2 M rechts zusammenstricken.

Diese beiden Reihen fortlaufend wiederholen. Zum Schluß locker abketten.

Soll ein Randstreifen eine Ecke erhalten, so wird er mit einem Maschenanschlag begonnen, der dem äußeren Umfang des Randstreifens entspricht.

1. Reihe: rechts.

2. Reihe: rechts bis auf 1 Masche vor der Ecke, hier wird die Eckmasche mit 1 Masche davor und danach zusammenge-strickt (die Masche vor der Ecke wird abgehoben wie eine rech-te Masche, die Eckmasche und die Masche nach der Ecke werden rechts zusammengestrickt und die abgehobene Masche über die letztere gezogen).

Diese beiden Reihen so lange wiederholen, bis der Randstreifen die gewünschte Breite hat. Zum Schluß abketten (siehe Be-schreibung Seite 23).

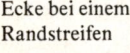

Ecke bei einem
Randstreifen

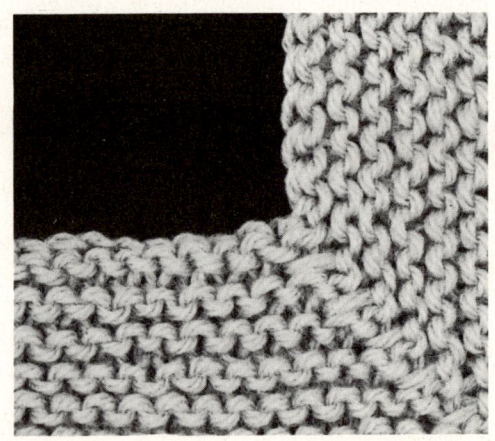

3. Spitzer Ausschnitt, Rippenmuster

Die Maschen des geraden Rückenausschnittes werden nicht abgekettet, sondern bleiben für das Bündchen stehen. Die Ausrechnung, Verteilung und das Herausstricken der Maschen aus dem vorderen Ausschnitt erfolgt wie bei dem enganliegenden Halsbündchen (s. S. 187 ff.). Um eine schönere Kante zu bekommen, strickt man die erste Runde links, die folgenden Runden 2 M r, 2 M li. Die Ecke in der vorderen Mitte bildet man wie folgt (es laufen 2 M r in der Mitte hoch):

1. Reihe: die erste Eckm. mit der vorhergehenden M r zusammenstricken, die zweite Eckm. abheben, die folgende M r stricken, die abgehobene M überziehen.

2. Reihe: Die M vor der Eckm. strickt man links, legt den Faden vor die Nadel, hebt die Eckm. rechts ab, nimmt beide M auf die linke Nadel, zieht die Eckm. (ohne sie zu stricken) über und hebt die M von der linken wieder auf die rechte Nadel. Die zweite Eckm. und die folgende M links zusammenstricken.

Strickt man die Ausschnittblende 1 M r, 1 M li, dann ist die vordere Spitze wie bei dem viereckigen Ausschnitt zu bilden.

10/3. Spitzer Ausschnitt, Rippenmuster

10/4. Spitzer Ausschnitt, glatt rechts gestrickt

4. Spitzer Ausschnitt, glatt rechts gestrickt

Man arbeitet den Pullover bis zum Beginn des Halsausschnittes. Dann strickt man, getrennt von der Arbeit, als Untertritt und Beginn des Umbuges ein Dreieck. Man beginnt mit 1 M und strickt auf der rechten Seite der Arbeit immer rechts und links der Mittelmasche aus dem Querglied je 1 M rechts verdreht heraus. Hat das Dreieck eine Breite von etwa 4 cm erreicht, dann werden die Maschen je zur Hälfte mit den geteilten Vorderteilen als Umbug mitgestrickt. 4 cm von der neuen Randm. entfernt (2 cm Umbug, 2 cm Blende) erfolgen die Abnahmen in regelmäßigen Abständen entsprechend der Ausschnitt-Tiefe und -Breite.

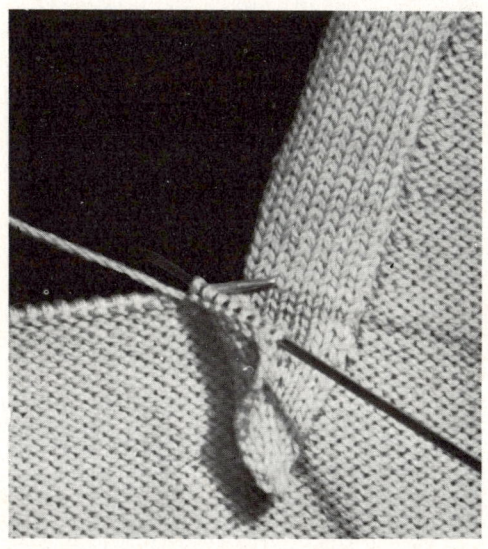

Spitzer Ausschnitt, glatt rechts gestrickt, Umbug

11/1. Rollkragen

11/2. Aufgesetzter Kragen mit geraden Ecken, glatt rechts gestrickt mit Krausrand

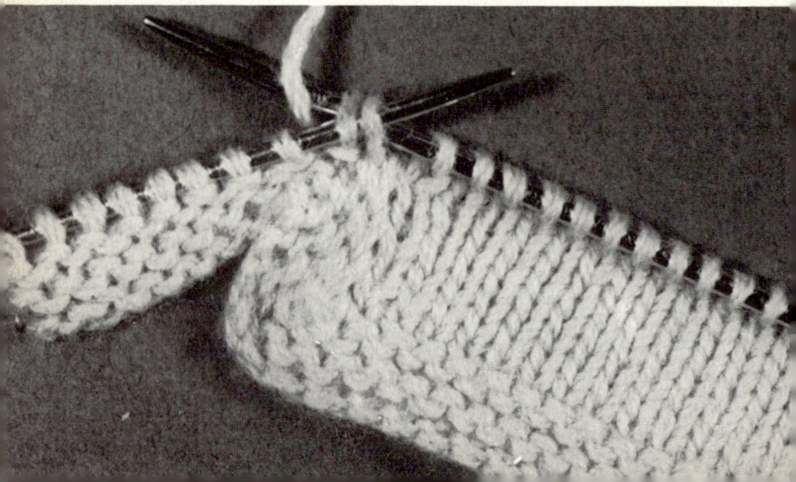

11
Kragen

1. Rollkragen

Man arbeitet genauso wie bei dem enganliegenden Halsbündchen (s. S. 187 ff.), strickt jedoch einen geraden Schlauch, etwa
10 cm lang, und kettet locker ab.

Für den Rollkragen eignet sich auch die Technik 2 M r/2 M li.

2. Aufgesetzter Kragen mit geraden Ecken, glatt rechts gestrickt mit Krausrand

Man strickt nach Schnitt den Glatt-Rechts-Teil, beginnend am
inneren Rand. Aus den Randmaschen der Seitenkanten werden
Maschen herausgestrickt und nun entlang der 3 äußeren Kanten 6 Reihen kraus gestrickt. Aus den Eckmaschen werden auf
der linken Seite jeweils 2 Maschen herausgestrickt.

Man beginnt am äußeren Rand des Kragens, schlägt die Maschen für die Außenkanten (untere und Seitenkanten) an und
bezeichnet die beiden Eckmaschen. Nun folgen 3 Rippen
kraus, dabei strickt man auf der linken Seite der Arbeit die
Eckmaschen einmal mit einer davor- und das andere Mal mit
einer dahinterliegenden Masche zusammen. Die Maschen der
Seitenkanten bleiben stehen. Man strickt an die Maschen der
unteren Kante den Glatt-Rechts-Teil und strickt am Ende
jeder Nadel eine Masche des Krausrandes mit einer Masche
des Rechtsgestrickes zusammen ab. Zum Schluß, wenn alle
Maschen des Krausrandes aufgebraucht sind, werden die
Randmaschen des Krausgestrickes aufgefaßt und sämtliche
Maschen abgekettet.

11/3.   Aufgesetzter Kragen mit spitzen Ecken

3. Aufgesetzter Kragen mit spitzen Ecken

Dieser Kragen wird in der gleichen Weise gearbeitet wie der Kragen mit geraden Ecken, jedoch werden am Glatt-Rechts-Gestrick an beiden Seiten dem Schnitt entsprechend Maschen aufgenommen.

4. Verbreiterte Revers, glatt rechts gestrickt

Bei verbreiterten Revers läuft die Masche, die den Bruch an den vorderen Kanten bildet, gerade weiter. Die Zunahmen, die die Revers verbreitern, beginnen an der Außenkante für den Untertritt und seitlich von der Knopf- bzw. Knopflochleiste. Man bezeichnet auf dem Schnitt die Stelle, an der das Revers beginnen soll. Dann errechnet man, um wieviel Maschen es verbreitert und wieviel Reihen es hoch werden soll.

Angenommen, das Revers soll um 25 M verbreitert werden und ist bis zur Schulter 75 Reihen hoch. Die Anzahl der M von der vorderen Mitte bis zum Beginn der Schulterschrägung beträgt 25. Es ist also in jeder 3. Reihe (75 : 25) 1 M zuzunehmen, und zwar einmal seitlich der Knopf- bzw. Knopflochblende und zweimal an der Seitenkante des Untertritts (1 M für die Verbreiterung und 1 M für den geraden Untertritt). Die Zunahmen seitlich der Knopf- bzw. Knopflochblende kommen nicht übereinander, sondern verschieben sich um 1 M nach der Seite. An der Seitenkante des Untertritts wird 1 M nach der Randm. und 1 M nach 2 weiteren M zugenommen. Nach 25maligem Zunehmen ist das Revers beendet. Der Untertritt wird nach innen geschlagen, und die nunmehr gegenüberliegenden Maschen werden, an der Mittelmasche beginnend, durch Maschenstich miteinander verbunden.

11/4. Verbreitertes Revers, glatt rechts gestrickt

12
Taschen

Auch Taschen müssen sorgfältig gearbeitet werden. Man kann sie einstricken oder nachträglich aufsetzen.

1. Gerade Taschen
Gerade eingesetzte Taschen arbeitet man, indem man die Maschen, die über die ganze Taschenbreite gehen, mit einem andersfarbigen Faden abstrickt. Diese Maschen werden auf die linke Nadel zurückgenommen und nun mit der Wolle des Gestricks noch einmal abgestrickt.
Nach Beendigung der Arbeit wird der bunte Faden herausgezogen, die nunmehr oben und unten offenen Maschen werden auf 2 Stricknadeln genommen. An die Maschen der oberen Nadel strickt man das glatte Innenfutter der Tasche, während man an die Maschen der unteren Nadel die Taschenumrandung anstrickt. Soll die Tasche ein doppeltes Futter bekommen, dann ist die doppelte Länge der Tasche zu stricken. Die Ta-

12/1.   Gerade Tasche

schenblenden werden sich im wesentlichen nach der Strickart des Modelles richten, sie können in einfachem 1 M r/1 M li-Muster oder kraus gestrickt sein oder aber andersfarbig. Wenn die Tasche möglichst unauffällig sein soll, strickt man in dem Grundmuster ca. 2 cm an und häkelt den oberen Rand mit dichten M ab. Die seitlichen Ränder der Taschen sind sehr sorgfältig und möglichst unsichtbar anzunähen.

2. Schräge Taschen mit untergesetztem Futterteil
Man arbeitet das Strickstück bis zu der Höhe, in der der Tascheneinschnitt beginnen soll. Die Maschen zwischen Tasche und Seitennaht bleiben ungestrickt liegen, mit den übrigen M strickt man die Schrägung wie folgt:

a) Auf der Vorderseite strickt man die beiden letzten M der Hinreihen r zus. (also keine Randm.), bei den Rückreihen hebt man die 1. M ab, strickt die 2. M li und zieht die abgehobene M über.
Bei der linken Tasche strickt man auf der li Seite die beiden letzten M der Rückreihen li zus., auf der r Seite die 1. M abh., die 2. M r str. und die abgeh. M überz.
Auf diese Weise wird die Schrägung hoch gearbeitet, bis die Breite der Tasche erreicht ist. Gleichzeitig sind die M zwischen der Vorderkante und der Tasche hoch zu arbeiten.

b) Futterteil der Tasche
Man schlägt so viele M an, wie die Tasche breit ist, und strickt die Höhe der Tasche bis zum Beginn der Schrägung. Nun werden die liegengebliebenen M zwischen Tasche und Seitennaht dazu auf die Nadel genommen und mitgestr., bis die gleiche Reihenzahl wie am zuvor gestrickten Teil und somit der höchste Punkt der Schrägung erreicht ist.
Jetzt werden alle M wieder miteinander weitergestr. Das Futterteil wird möglichst unsichtbar von li gegengenäht.
Das Futterteil kann aber auch angestrickt werden. Man faßt dazu, anstatt neu anzuschlagen, auf der Rückseite am unteren Taschenrand die M auf, in der Breite der Schrägung. Dabei

nimmt man das waagrechte Maschenglied von hinten nach vorn auf die Nadel. Das Anstricken an der Seite geschieht wie beim Einstricken eines Stückes.

c) Besatzstreifen

Am oberen Taschenrand faßt man die inneren M-Glieder auf (einstechen von hinten nach vorn) und strickt sie verdreht ab, dabei werden jedoch aus jeder 6. M 2 M herausgestrickt. Der Besatz wird »kraus«, d. h. auf beiden Seiten r, gearbeitet. Am tiefer liegenden Beginn der Schrägung wird am Schluß jeder Hinreihe 1 M zugenommen (Querglied zwischen der 2.- und 3.letzten M auf die Nadel nehmen und verdr. abstricken). Am oberen Ende der Schrägung wird am Schluß jeder Rückreihe abgenommen (2. und 3. letzte M r zus.str.).

Hat der Besatzstreifen die gewünschte Breite, so kettet man die Maschen ab, schlägt den Streifen nach außen um und näht ihn möglichst unsichtbar an beiden Enden fest.

12/2. Schräge Tasche mit untergesetztem Futterteil

3. Freihängende Tasche mit angestricktem Rand

Bis zum Taschenschlitz stricken. Von der Maschenzahl so viele Maschen auf eine Hilfsnadel nehmen, wie die Tasche breit werden soll. Mit diesen Maschen etwa 10 R glatt links stricken, dabei in 1. Reihe beiderseits je 1 Naht-Masche neu anschlagen, dann im Grundmuster so lange stricken, bis die doppelte Tiefe der Tasche erreicht ist. Nun beiderseits je 1 Masche abketten, die Maschen der Tasche wieder auf die Hauptnadel nehmen und wie bisher weiterarbeiten.

Seitennähte der Tasche schließen, 8 Reihen des »Glatt-Links«-Randes bleiben sichtbar.

12/3.   Freihängende Tasche mit angestricktem Rand

Sonnenplissee und Kellerfalte

13
Die Kellerfalte

Maschenzahl durch 30 teilbar und 2 Randmaschen.
1. Reihe: Randm., ★ 4 M r, 1 M abh., 4 M r, 1 M li, 10 M r,
1 M li, 4 M r, 1 M abh., 4 M r. Ab ★ wiederholen.
2. Reihe: M str., wie sie erscheinen. Die abgeh. M li.
1. und 2. Reihe fortlaufend wiederholen.
Statt der hier beschriebenen Faltentiefe von 4 M können auch
mehr M genommen werden. Zwischen den beiden abgeh. M
muß dann jeweils die doppelte Maschenzahl der Faltentiefe,
zwischen den 2 li M die doppelte Zahl plus 2 M liegen.

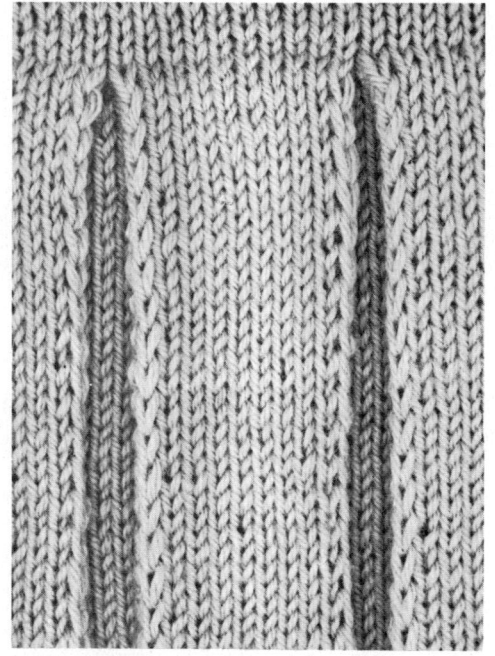

13
Die Kellerfalte

14
Das Doppelab-
nehmen mit
Heraufführen
der mittleren
Masche

Das Schließen der Falten:

Randm., ★ die ersten 4 r M und die abgeh. M auf eine Hilfs-nadel nehmen, die folgenden 4 r M und die li M auf eine 2. Hilfsnadel heben und diese umdrehen. Nun legt man alle 3 Nadeln parallel nebeneinander und strickt jeweils die 3 vorderen M dieser Nadeln (von jeder Nadel 1 M) r zusammen. Dann werden die folgenden 5 r M wieder auf die 1. Hilfsnadel gefaßt, die li M und die 4 r M nimmt man auf die 2. Hilfsnadel und dreht sie um. Die 3 Nadeln legt man wieder parallel und strickt immer die 1. M jeder Nadel r zusammen. Ab ★ wiederholen.

14
Das Doppelabnehmen mit Heraufführen der mittleren Masche

Die Maschenzahl muß ungerade sein.

Das Doppelabnehmen erfolgt immer auf der Vorderseite. Man bezeichnet die mittlere Masche und strickt bis 1 Masche vor der mittleren Masche, hebt diese 1 Masche ab und nimmt die mittlere Masche auf eine Hilfsnadel. Nun strickt man die Masche vor und nach der Lücke rechts zusammen und hebt dann die mittlere Masche und die zusammengestrickte auf die linke Nadel und zieht die abgehobene mittlere Masche über die zusammengestrickte Masche. Die übrigen Maschen werden rechts abgestrickt, auf der Rückseite links. Soll die Arbeit immer die gleiche Maschenzahl behalten, so muß stets zu Anfang jeder Hin- und Rückreihe zwischen der 1. und 2. Masche ein Querglied aufgefaßt und verdreht abgestrickt werden.

15
Plisseestreifen mit »Rechts«-Grund

Die Streifen können beliebig breit gemacht werden. Zwischen den einzelnen Streifen wird eine Relief-Masche heraufgeführt, die man auf der Vorderseite abhebt, auf der Rückseite li strickt. Angenommen, der Streifen soll unten 14 M breit sein. Maschenzahl durch 15 teilbar und 2 Randmaschen.

1. Reihe: Randm., ★ 1 M li abh. (Faden läuft hinter der Arbeit), 14 M r. Ab ★ wiederholen, Randm.

2. Reihe und alle weiteren Rückreihen: links.

3., 5., 7. und 9. Reihe wie 1. Reihe.

11. Reihe (Abnehme-Reihe): Randm., ★ 1 M li abh., 2 M r zus.str., 10 M r, 1 M li abh., 1 M r und die abgeh. M überziehen. Ab ★ wiederholen, Randm.

13., 15., 17., 19. und 21. Reihe: Randm., ★ 1 M li abh., 12 M r. Ab ★ wiederholen, Randm.

23. Reihe (Abnehme-Reihe): Randm., ★ 1 M li abh., 2 M r zus.str., 8 M r, 1 M li abh., 1 M r und die abgeh. M überz. Ab ★ wiederholen, Randm.

Die 1.—12. Reihe wiederholt man fortlaufend, nur ist nach jeder Abnehme-Reihe der Streifen 2 M schmäler.

Wieviel »glatte Reihen« zwischen 2 Abnehme-Reihen zu stricken sind, wird wie folgt errechnet:

Der Unterschied zwischen »oberer und unterer Weite« des gewünschten Gestricks ergibt zunächst die Gesamtzahl der abzunehmenden M. Diese Zahl wird durch die Anzahl der Streifen
geteilt, und daraus ergibt sich die Anzahl der M, die bei 1 Streifen abzunehmen sind.

Jetzt berechnet man anhand einer kleinen Strickprobe, wieviel
Reihen für die ganze Länge des Strickstücks benötigt werden.
Diese Reihenzahl wird durch die Zahl der »Abnahmen in 1 Streifen« geteilt und dann verdoppelt (da bei einer »Abnahme« 2 M
eines Streifens verlorengehen), und das ergibt dann den Abstand zwischen 2 Abnehme-Reihen. Wird in umgekehrter
Richtung gestrickt, sollen also die Streifen breiter statt schmäler werden, so wird nicht ab-, sondern zugenommen.

16
Plisseestreifen mit »Links«-Grund

Ausführung genau wie oben, die M zwischen den Relief-Ma-
schen werden jedoch auf der Vorderseite li und auf der
Rückseite r gestrickt. Bei den Abnehme-Reihen strickt man die
2 M vor und nach der Relief-Masche jeweils li zusammen.

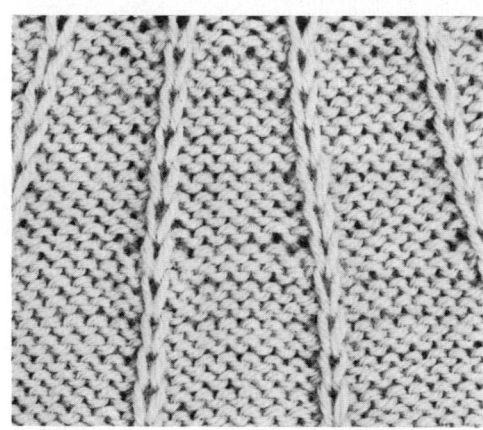

16
Plisseestreifen
mit »Links«-
Grund

Stricken nach Schnitt

1

Anfertigen eines Schnittes

Unerläßlich für ein gutsitzendes Strickstück ist die Anfertigung eines maßgerechten originalgroßen Schnittes, gleichgültig, ob es nach einem selbstgefertigten Grundschnitt oder nach einer Vorlage gearbeitet wird. Nachstehend wird das Vergrößern einer Schnittverkleinerung auf Originalgröße erläutert.

1
Schnitt mit
den Maßen
in cm und den
Maschenzah-
len

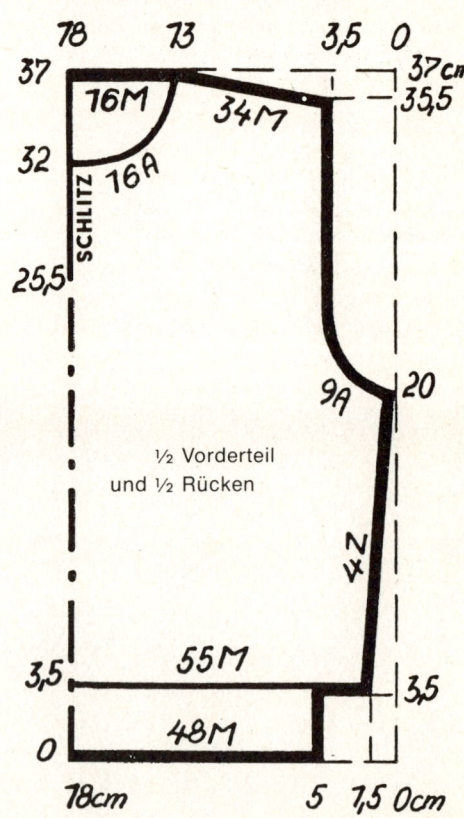

Die außerhalb der Schnittverkleinerung angegebenen Zahlen bezeichnen immer das Maß in Zentimetern, die Zahlen innerhalb der Schnittzeichnungen die Maschenzahlen.

Ein Bogen Papier wird zur Hälfte zusammengefaltet und mit dem Bruch auf der linken Seite auf den Tisch gelegt. Dann zieht man, etwa 3 cm von der unteren Kante entfernt, eine Waagerechte, die das Schnitteil nach unten begrenzt. Auf dieses Papier werden die Maße der Schnittverkleinerung übertragen.

Man geht jeweils von den 0-Punkten aus und mißt von der linken unteren Ecke am Bruch entlang nach oben

25,5 cm — Beginn des Reißverschlusses

32   cm — Ansatz des Halsausschnittes für das Vorderteil

37   cm — höchste Stelle der Schulter und Ansatz des Halsausschnittes für das Rückenteil

von der rechten unteren Ecke nach links

1,5 cm — hier ist eine Senkrechte nach oben zu punktieren, die die seitliche Taillenweite begrenzt

5   cm — Anfang des Taillenbundes

18   cm — Ende des Taillenbundes

nach oben

3,5 cm — hier ist eine Waagerechte zu punktieren, die den Beginn der Taillenweite nach dem Bund angibt

20   cm — Beginn des Armausschnittes

35,5 cm — hier ist eine Waagerechte zu punktieren für die tiefste Stelle der Schulternaht

37   cm — höchste Stelle der Schulter

von der rechten oberen Ecke nach links

3,5 cm — hier ist eine Senkrechte nach unten zu punktieren für die tiefste Stelle der Schulter

13   cm — höchste Stelle der Schulter und Ansatz zum Halsausschnitt für Vorder- und Rückenteil.

Die bezeichneten Punkte werden nun, wie in der Schnittzeichnung angegeben, verbunden. Bei der Fertigung der anderen Schnitteile ist ebenso zu verfahren. Nach Übertragung des Schnittes wird derselbe nun auf unsere Maße abgestimmt.

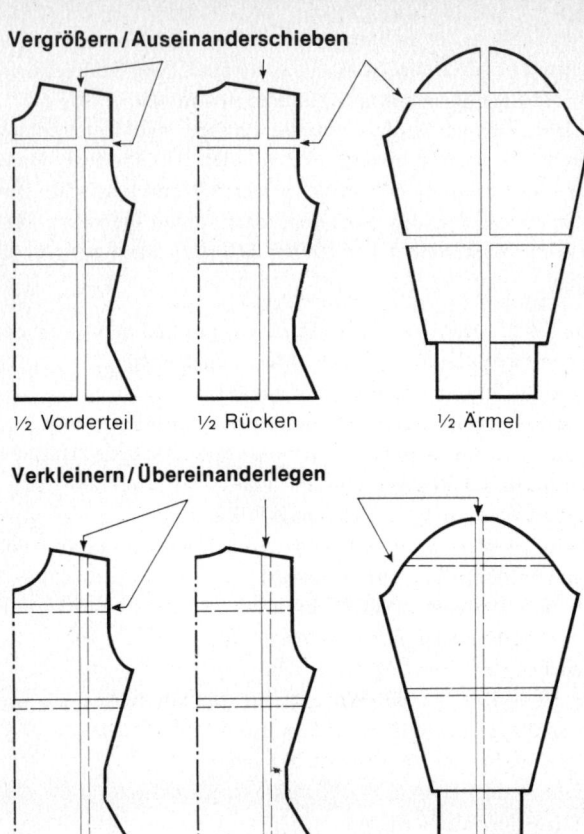

Vergrößern / Auseinanderschieben

½ Vorderteil ½ Rücken ½ Ärmel

Verkleinern / Übereinanderlegen

½ Vorderteil ½ Rücken ½ Ärmel

Beim Rücken und Vorderteil wird der Schnitt zur Vergröße-
rung oder Verkleinerung in der Länge senkrecht zweimal
durchgeschnitten, und zwar etwa in der Mitte der Achselnaht,
ebenso zweimal quer, nämlich einmal unterhalb des Armloches
und einmal innerhalb des Armloches. Ein Ärmel dagegen ist in
der Mitte einmal senkrecht durchzuschneiden und quer zweimal, nämlich einmal in der Mitte und einmal in der Kugel
selbst. Bei der Schnittvergrößerung oder -verkleinerung ist un-
bedingt darauf zu achten, daß die obere Querteilung durch den

Vergrößern/Auseinanderschieben

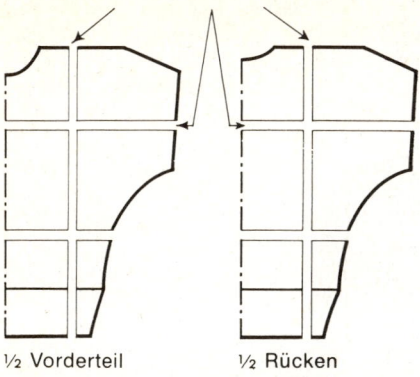

½ Vorderteil   ½ Rücken

Verkleinern/Übereinanderlegen

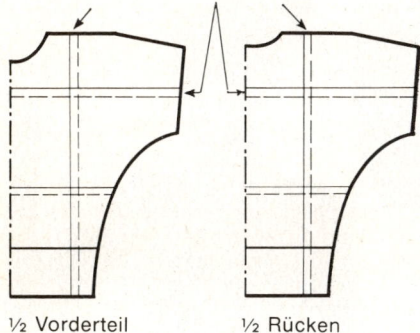

½ Vorderteil   ½ Rücken

Ärmel verläuft, damit dieser bis zum unteren Rand (Hand oder Ellenbogen) auf alle Fälle mit erweitert wird.

Auf diese Weise können wir nun den Schnitt so weit auseinander- oder ineinanderschieben, wie es unser Maß verlangt. Der fertige, durchgeschnittene Papierschnitt wird auf einen neuen Bogen Papier gelegt, dabei in jedem Längs- und Querschnitt so weit auseinandergerückt oder ineinandergeschoben, daß sich die gewünschten Maße ergeben.

211

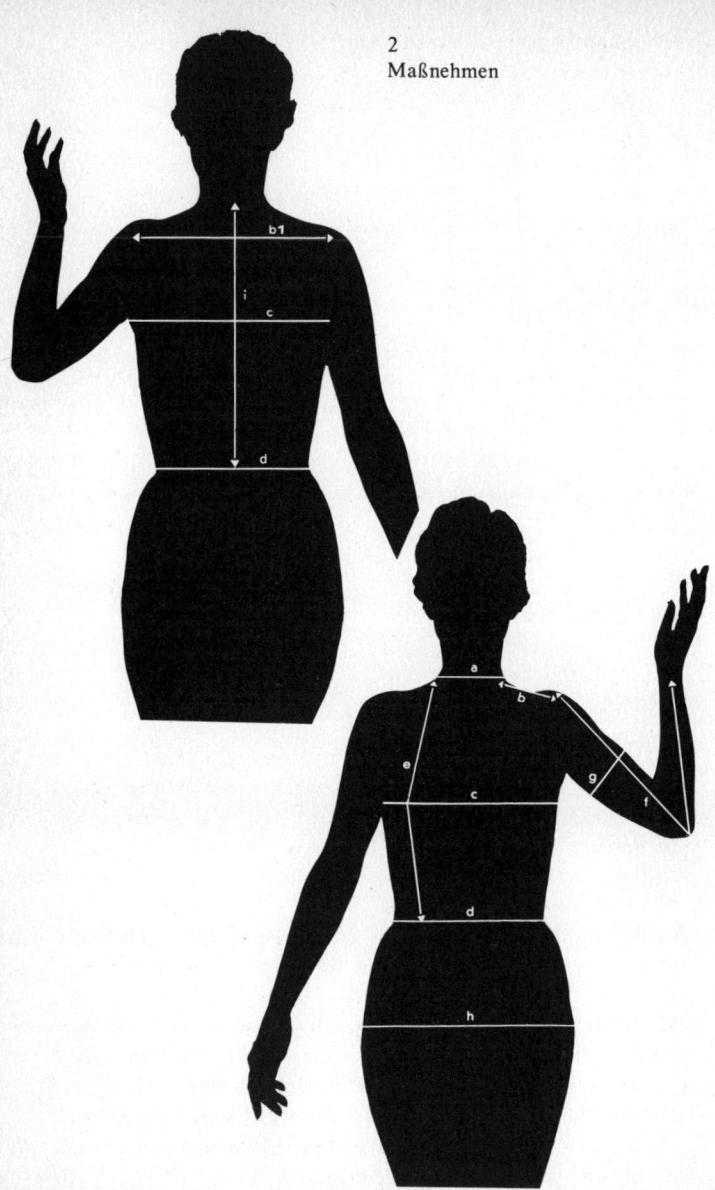

2
Maßnehmen

Bitte genau sein.
Das Maßnehmen ist die erste Voraussetzung für jede Strickarbeit, denn ohne genaue Maße ist keine Gewähr für einen
richtigen Schnitt und damit den guten Sitz eines Strickmodells
gegeben.
Alle Maße sind genau zu nehmen und aufzuschreiben.

a) Halsweite:
Das Maßband wird rund um den Hals gelegt, von Halsgrube
zu Halsgrube gemessen.

b) Schulterbreite:
Die Schulterbreite reicht vom Halsansatz bis zum Oberarmknochen (ist meistens gut zu tasten) und nicht darüber hinaus,
auch wenn es modisch lange Schultern geben soll.
Zu bemerken ist noch, daß der Nackenteil $1/3$ des ganzen Hals-
umfanges beträgt.

b 1) Brust- und Rückenbreite:
Sie reicht vom linken zum rechten Oberarmknochen.

c) Oberweite:
Das Maßband wird um den Oberkörper über die höchste Stelle
der Brust und die Schulterblätter gelegt. Das Band darf nicht
zu fest angelegt werden.

d) Taillenweite:
Das Maßband wird glatt um die Taille gelegt. Bei Kindern und
stärkeren Leuten ist die Taille oft schwer feststellbar, dann
lohnt es sich, ein einfaches Leinenband zur Markierung der
Taille umzubinden.

e) Vordere Taillenlänge:
Das Maßband ist von der höchsten Stelle der Schulter, am
Halsansatz über die höchste Stelle der Brust herunterzuführen.
In der Taille ist das Maß abzulesen.

f) Armlänge:
Die Armlänge wird vom Oberarmknochen (Ende der Schulter) über den leicht gebeugten Ellenbogen bis einschl. Handgelenksknochen gemessen.

g) Oberarmweite:
Sie wird über dem Oberarmmuskel gemessen, und zwar so reichlich, daß eine gute Bewegungsfreiheit gewährleistet ist.

h) Hüfte:
Die Hüfte wird an der stärksten Stelle des Körpers, 16—18 cm unterhalb der Taille, gemessen. Für Röcke gibt man der Hüftweite 4—6 cm, für gerade Röcke ca. 8 cm für Bewegungsfreiheit zu.

i) Rückwärtige Taillenlänge:
Das Maßband hängt vom Halswirbel senkrecht herunter, so daß man in der Taille das Maß ablesen kann.

Alle fest geschlossenen Kleidungsstücke wie Pullover sind nach der vorderen Taillenlänge zu stricken, während bei offenen Kleidungsstücken wie Blusen, Jacken das Vorderteil nach der vorderen und der Rücken nach der rückwärtigen Taillenlänge zu stricken sind. Längenunterschiede bis zu 2 cm können durch Einhalten der Seitenkanten der Vorderteile ausgeglichen werden, während bei größeren Unterschieden am Vorderteil Abnäher (knapp 2 cm unter dem Armausschnitt) einzustricken sind.

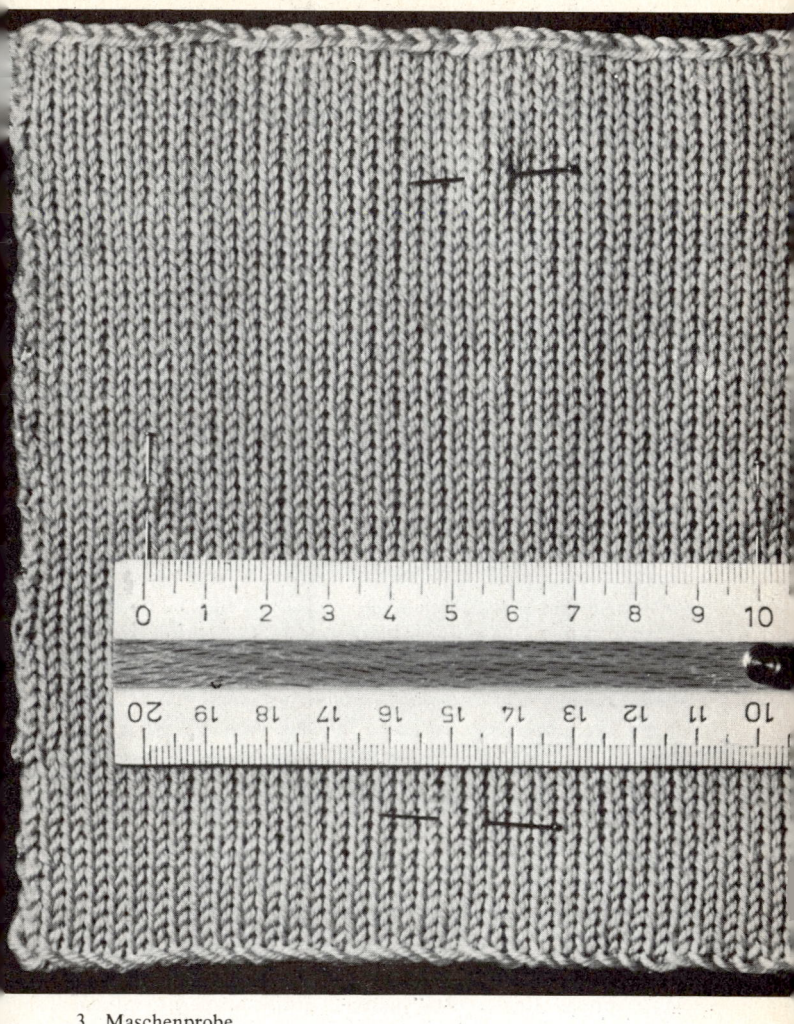

3 Maschenprobe

3

Maschenprobe

Unerläßlich für das Arbeiten nach Schnitt und Strickbeschreibung

Von größter Wichtigkeit für die richtige Paßform des Strickstückes ist die Anfertigung einer Maschenprobe. Nach dieser Maschenprobe können Sie sich selbst genau errechnen, wieviel Maschen Sie für die einzelnen Strickteile anschlagen, wieviel jeweils zu- oder abzunehmen sind usw. Die Maschenprobe bleibt während der ganzen Arbeit beim Schnitt, so daß Sie sich jederzeit, sollten Sie die Arbeit unterbrechen müssen, wieder ins Bild setzen können. Außerdem ist es sehr hübsch, wenn man ein kleines Kästchen mit solchen Proben jederzeit zur Hand hat. Es erhöht die Freude an der Arbeit und regt wieder neu an.

Stricken Sie im Grundmuster der Arbeit, die Sie ausführen wollen, ein etwa 12 cm breites und hohes Viereck. Dieses Stückchen wird dann vorsichtig gespannt und gedämpft. Zählen Sie die Maschen und Reihen von 10 cm aus und vergleichen Sie diese mit der in Ihrer Strickanweisung angegebenen Spannung. Stimmen Sie damit überein, können Sie bedenkenlos genau nach der Strickanweisung arbeiten. Ergeben sich aber Differenzen, dann machen Sie sich bitte die Mühe und errechnen Sie sich nach Ihrem Probestück die zu strickenden Maschen und Reihen neu. Es ist ganz leicht.

4

Errechnen von Maschen und Reihen nach Schnitt

Als Grundlage für die Berechnung dient ein Schnittmuster in der richtigen Größe. Auf diesen Schnitt werden sämtliche Maschen, Reihen-Zu- und Abnahmen geschrieben. Angenommen, die Maschenprobe ergab:

10 cm Breite = 25 Maschen
10 cm Höhe = 35 Reihen,

so ist wie folgt zu berechnen:

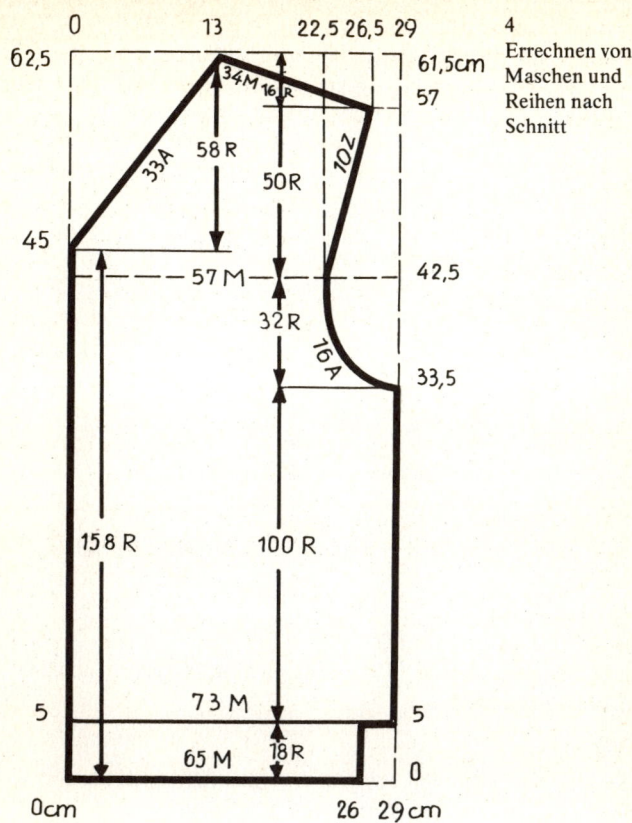

4

Errechnen von
Maschen und
Reihen nach
Schnitt

Anschlag: Unser Modell ist am Beginn 26 cm breit. Wenn auf 10 cm 25 M anzuschlagen sind, dann sind auf 1 cm 2,5 M anzuschlagen und auf 26 cm = 25 × 2,5 = 65 M.

Bund
Er ist 5 cm hoch zu stricken, also
5 × 36 : 10 = 18 Reihen.
Gestrick bis Armlochbeginn
Es sind gleichmäßig verteilt in der 33. Reihe 3 cm zuzunehmen, also

$3 \times 25 : 10 = 8$ Maschen,

so daß sich auf der ganzen Reihe 73 Maschen befinden. Es wird 28,5 cm gerade weitergestrickt, also $28,5 \times 35 : 10 = 100$ Reihen.

Armausschnitt

Für den Armausschnitt sind die Maschen um 6,5 cm zu verringern, also

$6,5 \times 25 : 10 = 16$ Maschen,

d. h. 1mal 5 Maschen, 1mal 3 Maschen, 2mal 2 Maschen, 4mal 1 Masche. 9 cm vom Beginn des Armloches an gerechnet sind 4 cm in der Breite auf eine Höhe von 13,5 cm zuzunehmen, also

$4 \times 25 : 10 = 10$ Maschen

in $14,5 \times 35 : 10 = 50$ Reihen,

d. h. es ist in jeder 5. Reihe 1 Masche zuzunehmen.

Schulterschrägung

Auf eine Höhe von 4,5 cm sind 13,5 cm Maschen abzunehmen, also

$13,5 \times 25 : 10 = 34$ Maschen

in $4,5 \times 35 : 10 = 16$ Reihen,

d. h. in jeder zweiten Reihe sind 6mal 4 Maschen und 2mal 5 Maschen abzuketten.

Ausschnitt

Zu gleicher Zeit, wenn das Armloch gestrickt wird, beginnt in 49 cm Gesamthöhe der Ausschnitt, d. i. nach

$49 \times 35 : 10 = 158$ Reihen.

Auf eine Höhe von 16,5 cm sind 13 cm abzunehmen, also

$13 \times 25 : 10 = 33$ Maschen

in $16,5 \times 35 : 10 = 58$ Reihen,

d. h. fortlaufend jede 2., 4., 6., 7., 9., 11. und 12. Reihe ist 1 Masche abzunehmen.

5
Fadenverstechen und -einlegen

Das Neueinlegen eines Fadens darf nicht so geschehen, daß er
einfach mit dem alten verknotet wird. Selbst Knoten, die in der
Wolle liegen, sieht man. Sie verzerren das Maschenbild. Auch
wenn sie auf die Rückseite gezogen werden, erkennt man sie
auf der Vorderseite durch ihre Plastik.
Am besten ist es, den Faden an einer Seitenkante, an die später
eine Naht kommt, neu anzulegen. Selbst wenn Sie eine ganze
Reihe zurückstricken müßten, scheuen Sie bitte diese Arbeit
nicht! Der abgeschnittene Faden der ausgegangenen Wolle
kann später für Nähte gebraucht werden.
Den Fadenlauf beim Verstechen von Wollenden ersehen Sie
auf der Abbildung.

5
Fadenver-
stechen und
-einlegen

6
Einarbeiten von Gummifäden gibt dem Strickstück Halt

Eingezogene Gummifäden
Der Gummifaden wird mit einer Stopfnadel auf der linken
Seite der Arbeit eingezogen. Er wird durch das rechte Glied
jeder Rechtsmasche geführt, und zwar in jeder zweiten Reihe.

1 Vorbereitung zum Dämpfen, Aufstecken von Strickteilen

Stricksachen richtig fertigstellen

1
Vorbereitung zum Dämpfen, Aufstecken von Strickteilen

Es ist wichtig, das Aufstecken der Strickteile mit ganz besonderer Sorgfalt auszuführen; es ist für die Form des fertigen Strickmodells und für das Gelingen gerader schöner Nähte von allergrößter Bedeutung.

Das Aufstecken geschieht am besten auf einer dicken, nicht zu weichen Unterlage, einem Filz oder einer mehrfach zusammengelegten alten Wolldecke, über die ein weißes Tuch gebreitet wird. Nun legt man den Papierschnitt, nach dem man gearbeitet hat, auf das weiße Tuch und darauf unser Strickstück, und zwar alle Gestricke mit Ausnahme der plastischen, die nur unter ein feuchtes Tuch gebreitet werden, mit der linken Seite nach oben. Ist es richtig gestrickt, dann wird es, leicht gedehnt, gut auf den Schnitt passen. Niemals dürfen Stricksachen zu stark ausgedehnt werden, weil durch die Überdehnung der Masche das Strickbild verzerrt wird, und auch die gedehnte Masche würde keinen zu klein geratenen Pullover mehr retten. Im Gebrauch strebt die Masche immer wieder zu ihrer eigentlichen Form zurück, und die Überdehnung läßt bald nach. Das Strickstück steckt man an den Rändern genau auf die Schnittkante treffend mit langen, rostfreien Nadeln im Abstand von etwa 1 cm fest. Mit der linken Hand übt man einen leichten Druck auf das Stück aus und schiebt es sanft zurück, mit der rechten Hand steckt man die Stecknadeln leicht schräg ein, damit sie durch das Bügeleisen nicht verbogen werden. Je dichter die Stecknadeln gesetzt werden, um so schöner werden die Ränder. Auf keinen Fall dürfen an ihnen kleine Zacken entstehen. Alle Rundungen, wie Halsausschnitt, Armausschnitt usw., müssen beim Stecken etwas eingehalten werden. Schulterschrägungen nicht verziehen! Knopflöcher müssen durch eine oder zwei Stecknadeln in der richtigen schmalen Form gehalten werden. Elastische Ränder, Bündchen usw., die nicht mitgedämpft werden, werden nicht mit angesteckt, sondern nur an der Ansatzlinie mit waagrecht liegenden Stecknadeln festgehalten.

2
Dämpfen

Dem Dämpfen wird oft keine große Bedeutung beigemessen. Aber gerade dann ist es nicht verwunderlich, wenn das Strickstück nicht das gewünschte Aussehen erhält. Jede Strickart muß anders behandelt werden.

Bitte nur saubere, gut saugende Bügeltücher verwenden und die genaue Temperatur des Bügeleisens beobachten! Werfen Sie einen Blick unter das Plätteisen, rostbraune Flecken müssen sofort mit Essigwasser entfernt werden, denn sie könnten durch das Tuch auf das Gestrick durchschlagen. Sollte das unglücklicherweise einmal passieren, so wäre die einzige Rettung: mit Wasserstofflösung betupfen und an der Luft, aber nicht in der prallen Sonne, bleichen lassen.

Über die vorbereiteten Strickteile (s. S. 221) wird das feuchte Tuch gelegt. Nun fährt man mit dem nicht zu heißen Bügeleisen über das feuchte Tuch, ohne es jedoch aufzusetzen. Es darf also nur der Dampf auf die Wolle einwirken. Ein Druck würde das Gestrick plattdrücken, während gerade die leichte Dampfbehandlung die ganze Fülligkeit des Wollmaterials aufleben läßt und ein klares Maschenbild ergibt. Stärkere Wolle verträgt einen leichten Druck.

Plastische Muster (Patent-, Zopf- und ähnliche Muster) werden nur mit einem feuchten Tuch bedeckt, das so lange über dem Gestrick bleibt, bis es trocken ist.

Niemals dürfen elastische Ränder (Rechts-Links-Ränder u. ä.) gedämpft werden. Die Elastizität verschwindet unter dem Bügeleisen sofort.

Das Dämpftuch bleibt bis zum völligen Erkalten und Trocknen auf dem Strickteil! Erst dann kann ein nächstes Strickstück behandelt werden.

Nähte

Nähte sind der Schlußstrich unter einer Strickarbeit und sind mitentscheidend für den Sitz des Strickmodells.

Wenn die Strickteile gut gedämpft und ausgekühlt sind, werden sie mit exakten Stichen knappkantig, bei schön gestrickten Randmaschen direkt nach diesen, sonst höchstens 0,5 cm vom Rand entfernt, zusammengenäht. Die Nähte müssen schnurgerade ausgeführt sein. Krumme Nähte würden das Modell verziehen, und es gäbe häßliche Formen.

Als Nähmaterial ist die Wolle zu verwenden, mit der gestrickt wurde. Ist sie sehr dick, wird der Faden gespalten. Wolle ist elastisch und trägt der Dehnbarkeit des Strickmodells Rechnung. Ein strammer Faden würde die Nähte zum Platzen bringen.

Und hier verschiedene Arten von Nähten:

3
Stricknaht — Maschenstich

Es ist wichtig, den Faden nicht zu fest anzuziehen und ihn möglichst in der gleichen Spannung zu halten wie die Gestrikke. Dann paßt sich der Maschenstich den übrigen Maschen an und ist vollkommen unsichtbar.

1. Verbindung von Glatt-Rechts-Gestricken mit Maschenstich
Sollen 2 Maschenreihen miteinander verbunden werden, so geschieht das am unsichtbarsten durch die Stricknaht. Es wird dazu ein Stich verwendet, der das Aussehen einer Masche hat, der sog. Maschenstich. Ausführung: beide Maschenreihen auf Stricknadeln fassen. (Der Deutlichkeit halber sind die Maschen bei der Abbildung auf Seite 224 nicht auf Nadeln gefaßt.) Die obere Nadel hat eine Masche weniger als die untere, da oben zu beiden Seiten noch je eine halbe Masche steht. Es wird nun von unten in der ersten Masche von hinten nach vorn ausgestochen und die Masche abgehoben. Oben in die halbe

Masche von vorn nach hinten einstechen und zugleich die nächste Masche von hinten nach vorn auf die Nadel nehmen, ausziehen, Masche abheben. Unten in die Masche, aus der man ausgestochen hat, von vorn nach hinten einstechen, die nächste Masche von hinten nach vorn auf die Nadel nehmen, ausziehen, Masche abheben. Oben in die Masche, aus der man ausgestochen hat, einstechen, nächste Masche von hinten nach vorn auf die Nadel nehmen, ausziehen usw.

3/1.
Verbindung
von Glatt-
Rechts-
Gestricken mit
Maschenstich

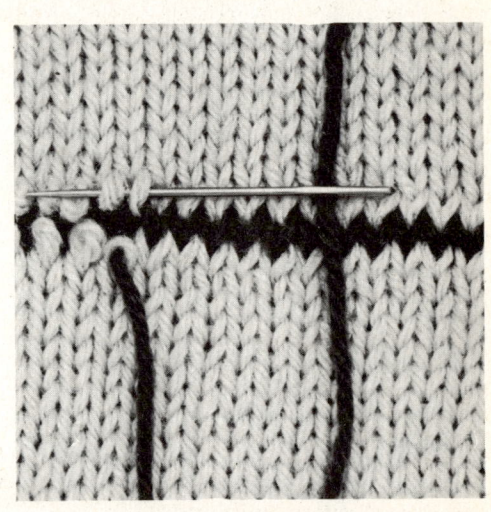

2. Verbindung von 1 M r/1 M li-Gestricken mit Maschenstich
Man faßt die Rechts- und Linksmaschen jeder Seite auf je eine Nadel (insgesamt 4 Nadeln) und legt sie parallel zueinander. Man verbindet zuerst die Rechtsmaschen der rechten Seite wie unter a) beschrieben. Dann dreht man die Arbeit auf die linke Seite und verbindet nun die rechts erscheinenden Maschen gleichfalls mit Maschenstich.
Diese Naht verwendet man insbesondere für Halsausschnitt-blenden, die am Rückenausschnitt miteinander verbunden werden sollen.

3/2.   Verbindung von 1 M r/1 M li-Gestricken mit Maschenstich

4
Steppnaht

Der Faden darf bei jedem Stich nicht zu fest angezogen werden, so daß die Naht entsprechend dem Gestrick elastisch
bleibt. Die Steppnaht ist in fast allen Fällen zu empfehlen,
insbesondere für Seiten-, Ärmel- und Schulternähte, für das
Einsetzen der Ärmel, für Rocknähte usw.

4   Steppnaht

5
Naht mit
Zickzack-Stich
beim Zusam-
mensetzen von
Ärmelbünd-
chen, die im
Rippenmuster
gestrickt sind

Naht mit
Zickzack-
Stich bei
Glatt-Rechts-
Gestricken

5
Naht mit Zickzack-Stich

Diese Naht ist zu verwenden beim Zusammensetzen von Ärmel-
bündchen, Taillenbund usw., die im Rippenmuster (1 M r/1 M
li, 2 M r/2 M li) gestrickt sind. Der Stich ist unsichtbar, so daß
die Bündchen rechts- und linksseitig getragen werden können.
Es ist beim Stricken darauf zu achten, daß das Muster am
Anfang und Ende zusammenpaßt, d. h. bei einem 1 M r/1 M
li-Rand ist mit einer Rechtsmasche zu beginnen und mit einer
Linksmasche zu enden.
Man legt die Ränder nebeneinander und sticht mit einer Stopfnadel in die ersten zwei Querglieder des Randes und zieht den
Faden durch. Nun zieht man durch die ersten zwei Querglieder
des anderen Randes den Faden gleichfalls durch usw. Der Ein-
stich erfolgt immer an dem Ausstich des vorhergehenden
Stiches.
Auf die gleiche Weise kann man Glatt-Rechts-Gestricke mit-
einander verbinden, ohne daß man auf der rechten Seite eine
Naht sieht.

Eingestricktes
Knopfloch

Nachträglich
eingearbeitetes
Knopfloch

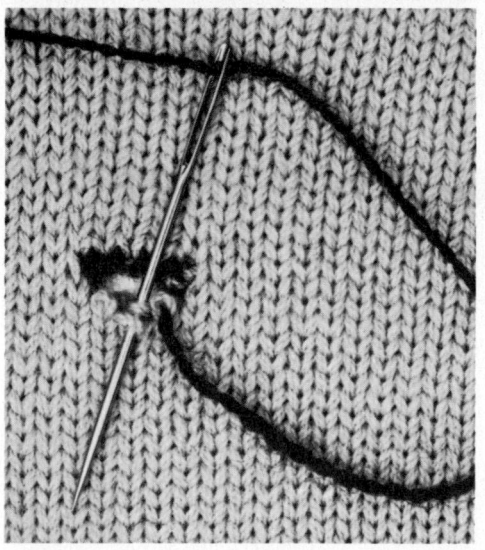

Wichtig für das gute Aussehen der Strickstücke ist das saubere Ausnähen der Knopflöcher.

Bei eingestrickten Knopflöchern, ob senkrecht oder waagrecht, werden die Knopflöcher mit der gleichen Wolle mit Knopflochstichen dicht ausgenäht. Ist die Wolle zu dick, dann teilt man sie.

Will man in eine Kante nachträglich Knopflöcher einarbeiten, dann schneidet man in der Mitte des beabsichtigten Knopfloches einen Faden durch und zieht mit den entstehenden Fadenenden nach rechts und links entsprechend der Knopflochbreite die Maschen auf, so daß nach oben und nach unten offene Maschen entstehen. Die Fadenenden werden verstochen. Durch die offenen Maschen zieht man nun einen Wollfaden und näht die offenen Maschen mit Knopflochstichen gleichmäßig aus.

Das nachträgliche Einarbeiten von Knopflöchern empfiehlt sich insbesondere bei glatt rechts gestrickten Kanten, die zur Hälfte nach innen geschlagen werden (s. S. 179). Hier werden gleichmäßig von der vorderen Bruchkante entfernt die Maschen in Knopflochbreite einmal für die äußere Seite und einmal für den Umschlag aufgetrennt. Bei nach innen gelegtem Umschlag müssen die offenstehenden Maschen beider Teile genau übereinander kommen. Diese Maschen werden nun mit Maschenstichen ringsherum miteinander verbunden, d. h. die jeweils übereinanderliegenden Maschen der Vorder- und Rückseite werden mit Maschenstichen zusammengenäht. Ein Ausnähen ist nicht mehr notwendig, da durch den Maschenstich bereits eine saubere Kante entsteht.

7
Reißver-
schlüsse
einarbeiten

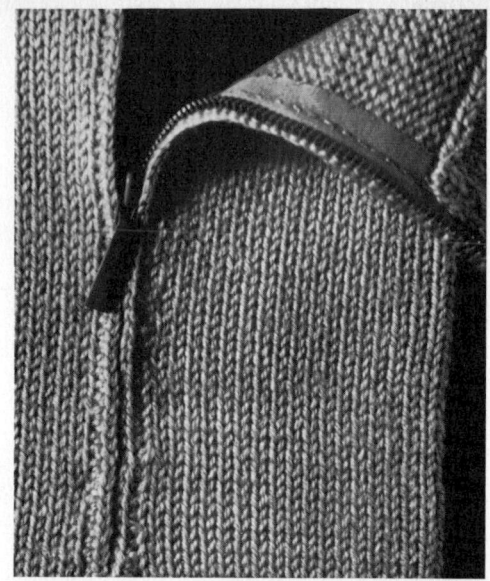

Glatt rechts
gestrickter
Streifen auf
der linken
Seite über das
Reißverschluß-
band genäht

Reißverschlüsse einarbeiten

von außen und innen korrekt
Der vorhandene Schlitz, in welchen der Reißverschluß einge-
arbeitet werden soll, wird mit dichten Maschen umhäkelt. Ist
die verarbeitete Wolle zu dick, teilt man sie. Beim Umhäkeln
hält man den Rand leicht ein. Der Reißverschluß darf niemals
zu lang sein, da er sich sonst beim Tragen wellt.
Nach Einheften näht man den Reißverschluß mit farblich pas-
sender Nähseide mit kleinen Steppstichen ein. Das Band des
Reißverschlusses wird mit kleinen unsichtbaren überwendlichen Stichen an das Strickstück genäht. Sehr sorgfältig ist der
obere Rand des Reißverschlusses an das Strickstück zu nähen.
Man schlägt das überstehende Band nach innen mit einer
leichten Schrägung ein, schneidet den dadurch vorstehenden
Bandteil seitlich ab und näht das obere Ende ebenfalls mit
überwendlichen Stichen fest.
Hat der obere Rand einen Umschlag, schiebt man das Band
des oberen Teiles des Reißverschlusses in den Hohlrand.
Die gleiche Verarbeitung gilt für teilbare Reißverschlüsse. Besonders wichtig ist die richtige Länge. Hier ist die Dehnfähig-
keit des Gestricks zu berücksichtigen. Wie unschön ist eine Jak-
ke, bei welcher die Seitennähte länger herunterfallen, als es der
Reißverschluß an der Vorderkante zuläßt. Ebenso unschön ist
es im umgekehrten Fall, wenn sich die Vorderkante in Wellen
legt, weil der Reißverschluß zu lang ist.
Besonders schön sieht es aus, wenn man einen ca. 2 cm breiten
Streifen glatt rechts strickt und auf der linken Seite über die
Reißverschlußbänder mit unsichtbaren überwendlichen Stichen
annäht.

Erneuern und Modernisieren alter Strickstücke

Der große Vorteil aller Stricksachen:
Wolle hält beinahe ewig, wenn nicht ab und zu »Feindeinwirkungen« von außen kommen. Bei Kindern sind es spitze Steine, rostige Nägel, scharfe Ecken; und schon weist das Strickstück große Löcher auf. Aber auch uns Erwachsenen passiert hin und wieder, daß der Ellenbogen durchgescheuert wird, Strickränder einreißen oder ein Riß entsteht. Wenn man nun nicht Lust hat, das Stück aufzutrennen, so lassen sich viele Schäden auch so beheben. Aber nicht nur davon soll in diesem Kapitel die Rede sein, auch über modische Veränderungen vielleicht unmodern gewordener Modelle möchten wir schreiben.

1
Stopfen

Das Loch im Pullover
Ist es noch klein, läßt es sich mit Maschenstichen überbrücken.

Das Stopfen im Maschenstich
Diese Stopfart eignet sich für nicht zu feines Gestrick und für kleinere Löcher. Sie kann so ausgeführt werden, daß die gestopfte Stelle gar nicht auffällt. Zuerst schneidet man das Loch viereckig, legt die M am oberen und unteren Rand frei und trennt an den Enden noch 1—2 M weiter auf. Die freigelegten M an den beiden Rändern faßt man am besten auf 2 Sicherheitsnadeln. Die seitlichen freien Ränder biegt man in einer senkrechten Maschenreihe auf die Rückseite um.
Nun werden die Spannfäden eingezogen von M zu M, senkrecht über das Loch hinweg. Dazu nimmt man meistens stark gedrehten Faden. Man sticht bei der 1. freistehenden M in der rechten unteren Ecke aus und macht einen großen Maschenstich hoch, wobei man die freie M am oberen Rand des Loches faßt. Das Material zum Übernähen sollte das gleiche sein wie

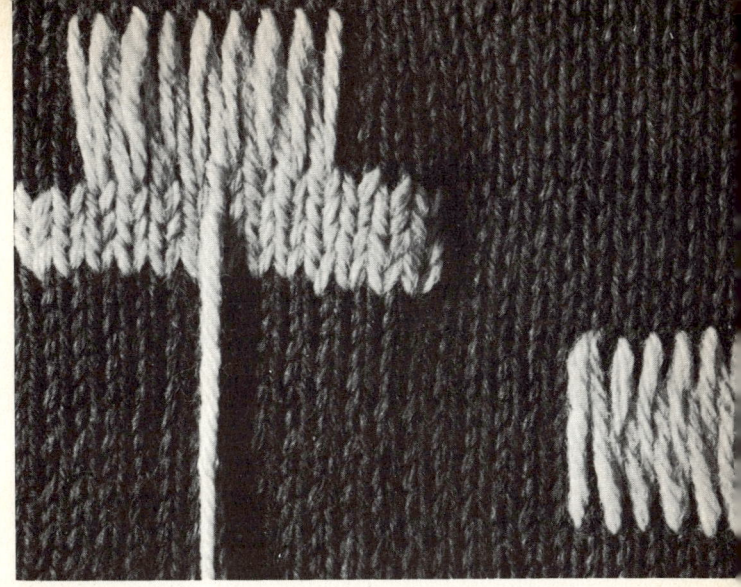

1 Stopfen

am beschädigten Stück. Das Übernähen beginnt in der rechten
unteren Ecke, 2 M vor den Spannfäden, und endet 2 M nach
denselben. Man sticht unter den beiden ersten Spannfäden
durch und sticht wieder in die darunterliegende M ein, aus der
vorher ausgestochen wurde. Die M sollen so angezogen werden,
daß sie ebenso groß sind wie die M des Gestricks. Es ist darauf
zu achten, daß man nicht in die Spannfäden einsticht, da diese
am Schluß herausgezogen werden, wodurch die Stopfe die
Elastizität des Gestricks erhält. Man verwendet am besten eine
Stopfnadel ohne Spitze. Beim Umkehren am Schluß der Reihe
wird die letzte M wie die anderen gebildet, nur wird, statt
waagrecht in die nächste M einzustechen, senkrecht darüber
aus dieser letzten M wieder ausgestochen. Dieser Ausstich ist
zugleich der Anfang der 2. Reihe. Die ganze Arbeit wird nun
gedreht, so daß man wieder von rechts nach links nähen kann.
Beim Ein- und Ausstechen in der M der Vorreihe sticht man
zwischen die beiden Spannfäden, während man für die neue M
wieder unter den beiden durchsticht. Bei der letzten Reihe wird

in die M vom oberen Rand eingestochen. Da der Rand gut befestigt ist durch das Übernähen, können die Fäden und M an den seitlichen Rändern abgeschnitten und die Spannfäden herausgezogen werden.

Die Schönheit des Maschenstiches hängt sehr von der richtigen Lage und Spannung der Fäden ab. Deshalb heftet man am besten die zu stopfende Stelle mit überwendlichen Stichen auf ein entsprechend großes Stückchen Karton. Mit dem Stopfei verzieht man leicht die Form.

2
Bündchen erneuern

Sie werden vorteilhaft ganz erneuert. Dazu trennt man das ganze Bündchen ab. Da jedoch in der Regel beim Stricken mit dem Bündchen begonnen wird, so ist das Auftrennen etwas schwierig, weil es ja gegen die Fadenrichtung geschehen muß. Man faßt daher mit einer Nadel eine Masche aus der letzten Bündchenreihe, zieht hoch und reißt den Faden ab. Nun kann man leicht die Strickteile lösen, faßt die Maschen des Gestricks auf und strickt das Bündchen neu an.

3
Modisches Erneuern alter Stricksachen

Da kann man einmal den ganzen Schnitt ändern. Man löst alle Nähte und spannt die Teile auf einen Schnitt, der dem Strickstück entspricht, dämpft und zeichnet mit Kreide die Korrekturen an, die man sich wünscht. Z. B. wenn die Armkugel zu groß ist, wird man bei gleichbleibender Achselbreite die Naht in die Armkugel um die gewünschte Zentimetermenge tiefer setzen. Ärmel kann man verschmälern; man setzt tiefere Nähte und dämpft ganz flach, so daß die breiteren Nahtteile nicht auftragen.

Die Länge des alten Pullis läßt sich ändern, indem man dort das Strickstück abtrennt, wo es gewünscht wird (mit der Nadel eine Masche fassen, wie oben beschrieben). Nun arbeitet man eine Passe, die man ohne weiteres in der Gegenrichtung, vielleicht sogar quer anstricken kann. Niemals aber sollte man im gleichen Muster anstricken, weil nicht nur die Wollfarbe, sondern die geänderte Strickrichtung das Bild des Modelles verderben würde. Gefällt das alte Oberteil nicht, so trennt man es bis zur gewünschten Höhe ab. Auch wenn die Wolle gewaschen ist, darf im gleichen Muster nicht weitergearbeitet werden, weil immer ein Trennstrich bleibt. Zu empfehlen ist, Farbstreifen einzusetzen, damit der Übergang zum neuen Gestrick gedeckt wird. Kleine bunte Farbstreifen stören nie, und wenn sie unauffällig sein sollen, so wähle man sie einen Ton heller als die Grundfarbe. Bei einem rechtsgestrickten Pullover würde eine Schulterpasse kraus gearbeitet sogar sehr hübsch wirken, ein noch gröberes Muster wäre zu schwer für das Rechtsmaschengestrick.

Wenn Ihnen der Halsausschnitt an einem Modell nicht mehr gefällt, so trennen Sie den alten Kragen ab und vom Vorderteil soviel, daß der neue Kragenansatz maßgerecht gearbeitet werden kann. Um den Wollunterschied zwischen altem und neuem Garn zu überbrücken, würden wir zarte Farbeffekte, neue Muster oder das Besticken mit Perlen, Maschenstichen sowie das Umhäkeln der neuen Ansatzstellen vorschlagen. Niemals aber ohne diesen markanten Trennungsstrich weiterarbeiten. Ihr altes Modell würde damit nicht erneuert, sondern im Gegenteil schlecht ergänzt wirken.

Vielleicht haben Sie einmal den Wunsch, einen Pullover, der vielleicht etwas verfilzt ist, so daß er sich schlecht trennen läßt, Ihrem Töchterchen zu schenken. Eine Weste wäre Ihnen lieber. Man sollte es eigentlich nie machen, aber in diesem Fall nehmen Sie die Schere zur Hand und schneiden das Vorderteil senkrecht durch. Und nun wird mit der Nähmaschine — oder auch Hand — einige Reihen fest hin und her gesteppt, so daß der Rand nicht ausfransen kann. Jetzt arbeiten Sie eine

4   Das Einstricken einer neuen Ferse

doppelte Blende, glatt gestrickt, und nehmen den gesteppten Rand des alten Pullis in die Mitte der Blende. So ist die Weste von beiden Seiten fest eingefaßt und wird sich nie aufräufeln.

4
Das Einstricken einer neuen Ferse

1. Arbeit: Abzählen der unteren Fersenbreite und der Fersenhöhe.
2. Arbeit: Abtrennen und Auffassen der unteren Fersenmaschen. Es wird die 2. rechtsstehende Randmasche aufgeschnitten, die Reihe bis zum linken Rand aufgetrennt, der Faden wieder bis zur Mitte zurückgetrennt und die Maschen werden auf 2 Nadeln gefaßt.
3. Arbeit: Aufschneiden und Auffassen der beiden seitlichen Fersenränder. Man schneidet zwischen der Randmasche und der 1. Masche von unten bis zum Käppchen senkrecht an beiden Seiten auf, zieht die Fädchen aus und faßt die erhaltenen Maschen zu den Fersenmaschen auf. Es müssen so viele Maschen sein, wie die alte Ferse Randmaschen hatte.
4. Arbeit: Stricken der Fersenhöhe. Dieses wird nach Art des dreiteiligen Käppchens ausgeführt. Die letzte Masche der Ferse wird mit der nächsten Seitenmasche zusammengestrickt (auf der Vorderseite verdreht, auf der Rückseite links), nach dem Wenden wird die Masche abgehoben (siehe dreiteiliges Käppchen); dies wird so lange fortgesetzt, bis alle Seitenmaschen zur Ferse gestrickt sind. Auf der Vorderseite kann ein Doppelnähtchen (2 linke Maschen vor bzw. nach dem Zusammenstricken) gestrickt werden.
5. Arbeit: Stricken des Käppchens. Hier ist darauf zu achten, daß die Maschen des Käppchens mit denen des Fußes übereinstimmen. Hierzu muß in der Regel die Strickart des vierteiligen Käppchens angewendet werden. Man beginnt mit dem Stricken des 4. Teils der Maschenzahl, strickt nach jeder Reihe 1 Masche mehr dazu, bis man in der Mitte so viele Maschen hat, wie man zum Annähen des Fußes braucht.

5 Das Einstricken einer runden Ferse mit Bandabnehmen

6. Arbeit: Annähen des Käppchens mit einer Stricknaht. Nach dem Abtrennen des Käppchens folgt das Verbinden beider Maschenreihen mit einer Stricknaht. Beide Maschenreihen sind auf Nadeln zu fassen. Die obere Nadel, hier also die Nadel mit den Maschen des Fußes, hat eine Masche weniger als die untere, da oben zu beiden Seiten noch halbe Maschen stehen. Es wird nun in der 1. Käppchenmasche von hinten nach vorn ausgestochen und die Masche abgehoben. Oben in die halbe Masche von vorn nach hinten einstechen und zugleich die nächste Masche von hinten nach vorn auf die Nadel nehmen, ausziehen, Masche abheben. Unten in die Masche, aus der man ausgestochen hat, von vorn nach hinten einstechen, die nächste Masche von hinten nach vorn auf die Nadel nehmen, ausziehen, Masche abheben. Oben in die Masche, aus der man ausgestochen hat, einstechen, nächste Masche von hinten nach vorn auf die Nadel nehmen, ausziehen usw.

5
Das Einstricken einer runden Ferse mit Bandabnehmen

Diese Ferse verwendet man hauptsächlich, wenn zuvor schon eine runde Ferse gestrickt war, was bei maschinengestrickten Strümpfen manchmal der Fall ist. Die zerrissene Ferse mit dem Käppchen wird ganz abgetrennt. Die Maschen werden auf 4 Nadeln gefaßt, dabei beachte man, daß an beiden Seiten der Ferse keine Lücke entsteht. Nun folgen 4 Runden rechts. Von der 5. Runde an beginnt das Bandabnehmen. Die Abnehmerunden werden wie beim Bandabnehmen einer Strumpfspitze ausgeführt (siehe Beschreibung S. 166), nur werden über die Abnehmerunden 1mal 3 Runden, 2mal 2 Runden und 1mal 1 Runde glatt darüber gestrickt. Nachdem am Schluß in jeder Runde abgenommen wurde, werden 12 Maschen, die noch übrigbleiben sollen, mit einer Stricknaht verbunden.

Übersicht der gebräuchlichsten Stricknadeln in Originalstärken

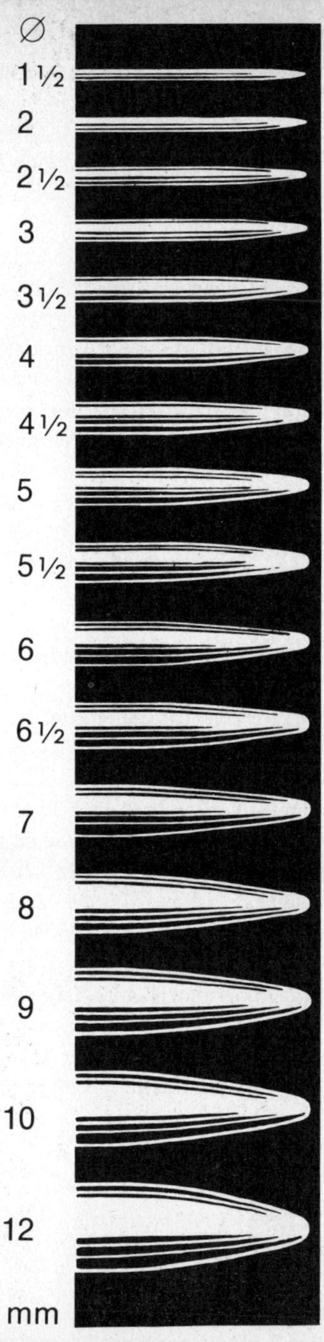

∅

1½

2

2½

3

3½

4

4½

5

5½

6

6½

7

8

9

10

12

mm

Die richtige Nadel

Gutes Handwerkszeug — gute Arbeit!

Die richtige Nadel ist die Voraussetzung für das Gelingen jeder Strickarbeit. Schlechte Nadeln quälen die Wolle und verursachen nur Ärger und Verdruß. Die Handarbeit wird erst zur reinen Freude, wenn das Universalwerkzeug, die Nadel, sachgemäß und sorgfältig gearbeitet ist.

Damen mit rheuma-empfindlichen Händen arbeiten zweckmäßig mit PERL-INOX-Nadeln, den Stricknadeln mit perlgrauer, isolierender Oberfläche.

Die Stärke der Nadel richtet sich nach der Stärke der Wolle, dem Strickmuster und dem Verwendungszweck der Handarbeit:

Im allgemeinen arbeitet man Glatt-Rechts-Gestricke:

in feineren Wollqualitäten mit 2—$2^1/2$ mm starken Nadeln;

in mittleren Wollqualitäten mit 3—$3^1/2$ mm;

in stärkeren Wollqualitäten mit 4—$4^1/2$ mm.

Für Schnellstrickwolle verwendet man 5 mm und stärkere Nadeln.

Bei dichten Strickmustern, die aus verkreuzten Maschen gebildet werden (Zopf-, Webmuster usw.), empfiehlt es sich, stärkere Nadeln zu nehmen, während bei plastischen Mustern (z. B. Patentmuster), die durch das Tragen und Waschen verflachen, etwas dünnere Nadeln richtiger sind. Man verwendet für Jacken, Pullover usw. Schnellstricknadeln PERL-INOX-Tric und INOX-Tric oder Jackenstricknadeln PERL-INOX.

Voluminöse Garnqualitäten, für die Nadelstärken ab 8 mm und aufwärts Verwendung finden, verstrickt man am besten mit den leichten Kunststoffstricknadeln IMRA-GALALITH.

Geschlossene Strickstücke arbeitet man mit Rundstricknadeln, IMRA-Plastic mit PERLON-Seil. Bei Arbeiten mit großer Maschenzahl sind Stricknadeln mit elastischem Nadelschaft aus PERLON, IMRA-flex, bestens geeignet.

Strümpfe und Handschuhe werden mit Spiel-Stricknadeln, PERL-INOX oder HEUREKA, gearbeitet. Die Länge der Stricknadel richtet sich nach dem zu arbeitenden Strickstück; zu beachten ist jedoch, daß auf Schnellstricknadeln (»Tric«) etwa $1/3$ Maschen mehr aufgestrickt werden können als auf normale Jackenstricknadeln.

Abkürzungen

M	= Masche
Randm.	= Randmasche
Hilfsnd.-M	= Hilfsnadelmasche
r	= rechte Masche
li	= linke Masche
str.	= stricken
abn.	= abnehmen
zun.	= zunehmen
umschl.	= umschlagen
Umschl.	= Umschlag
abh.	= abheben
r abh.	= rechts abheben (d. h. einstechen wie zu einer r M, der Faden liegt hinter der Arbeit)
li abh.	= links abheben (d. h. einstechen wie zu einer li M, der Faden liegt hinter der Arbeit)
überz.	= überziehen
verdr.	= verdreht
verkr.	= verkreuzt
zus.	= zusammen
anschl.	= anschlagen
Grundfb.	= Grundfarbe
Schmuckfb.	= Schmuckfarbe
r verdr. M	= rechts verdrehte Masche, d. h. von der rechten Seite in das hintere Maschenglied einstechen und abstricken wie eine rechte Masche.
li verdr. M.	= links verdrehte Masche, d. h. von links hinten in das hintere Maschenglied einstechen und links abstricken.
2 M li verdr. zus.str.	= 2 Maschen links verdr. zusammenstricken, d. h. Faden vor die rechte Nadel legen, dann die hinteren Maschenglieder von hinten fassen und links zusammenstricken.

Erläuterungen

doppelt abnehmen heißt: 1 M abh., 2 M zus.str., die abgehobene M überziehen.

im Wechsel heißt: eine kleine Maschengruppe fortlaufend wiederholen, z. B. 2 M r, 2 M li im Wechsel.

Ab ★ wiederholen heißt: eine größere Maschengruppe (Mustersatz genannt) fortlaufend wiederholen. Diese größeren Gruppen sind in Zeichen eingeschlossen.

Umschlag: Beim Stricken braucht man den Umschlag zur Bildung von Lochmustern und beim Patentstricken. Der Faden wird über die abstrickende Nadel gelegt wie zur Bildung einer Linksmasche.

Das Muster versetzen heißt: den Mustersatz bei der Wiederholung so zu verschieben, daß er über den Zwischenräumen der darunterliegenden Mustersätze liegt.

Zeichenerklärungen für die Typenmuster

Strickmuster, die mit Typenmustern versehen sind, können sowohl nach der reihenmäßigen Beschreibung als auch nach dem Typenmuster gearbeitet werden. Die freien Quadrate und Zwischenräume in einzelnen Musterreihen sind durch die übersichtliche Aufstellung des Musters bedingt und beim Stricken nicht zu beachten.

Die Randmaschen wurden bei allen Typenmustern fortgelassen. Sie müssen beim Stricken zugegeben werden.

r = rechte Masche
li = linke Masche
U = Umschlag
╱ = 2 M r zus.str.
╲ = 2 M durch Überziehen zus.str. (= 1 M abh., 1 M r str. und die abgehobene M überziehen)
⋀ = 1 M abheben, 2 M r zus.str. und die abgeh. M überziehen
∧ = 1 M li abheben, 2 M r verdr. zus.str. und die abgeh. M überziehen
■ = 2 M zus. r abheben, folg. M r str. und die abgeh. M überziehen
◇ = 1 M r verdr.
◆ = 1 M li verdr.
● = aus dem Zwischenglied 1 M r verdr. str.
◈ = 2 M r verdr. zus.str.
╱ = 2 M li zus.str.
ヽ = 2 M li verdr. zus.str.
⌣ = 2 M li abheben (Fd. hinter den M)
⌢ = 2 M li abheben (Fd. vor den M)
⋀ = 3 M r zus.str.
3 = 3 M li zus.str.
◣ = die Randm. mit folg. M r zus.str.
◢ = die letzte M mit der Randm. abheben und in folg. Reihe li zus.str.

—— = Umschläge der Vorreihe fallen lassen

▲ = die Randm. mit den 2 ersten M zus.str.

△ = die 2 letzten M mit der Randm. abheben und in folg. Reihe zus.str.

⚫⟋ = 2 M auf Hilfsnadel nehmen und hinter die Arbeit legen, die 1. abgehobene M der Vorreihe r str., dann die 2 Hilfsnadel-M r zus.str.

⟍⚫ = die 2. abgehobene M der Vorreihe auf Hilfsnadel nehmen und vor die Arbeit legen, 2 M r zus.str., dann die Hilfsnadel-M r str.

☰ = die 5 Fäden der Vorreihen zus.str., und zwar 1 M li, 1 M r herausstr.

∞ = 2 M auf Hilfsnd. vor die Arbeit legen, 2 M r, Hilfsnd.-M r

N = aus folg. M 6 M herausstr., und zwar 1 M r, 1 M r verdr., 1 M r, 1 M r verdr., 1 M r, 1 M r verdr. und diese M nacheinander über die letzte Schlinge ziehen

⧖ = folg. 2 M auf Hilfsnd. nehmen und vor die Arbeit legen, die nächsten 2 M r zus.str., 1 M r, Hilfsnd.-M r

B = folg. 3 M auf Hilfsnd. nehmen und hinter die Arbeit legen, 2 M r, dann die beiden ersten Hilfsnd.-M r zus.-str., 3. Hilfsnd.-M r str.

Sachregister

Das neue Strick- und Häkelbuch

Von Schachenmayr.
304 Seiten mit
552 Fotos sowie
35 Zeichnungen.
Format
17,5 × 24,0 cm.

Das »Strick- und Häkelbuch« ist ein vollständiger Lehrgang über die interessanten und vielseitigen Handarbeitstechniken Stricken und Häkeln.

Von den Grundkenntnissen dieser Handarbeiten bis zu Kunststrickereien oder Musterhäkeleien vermittelt es in anschaulicher Weise alle Kenntnisse, die das Beschäftigen mit Wolle und Garn zur Freude machen. Alle Muster, auch die klassischen, wie Norweger-, Zopf-, Lochmuster, können ohne Mühe nachgearbeitet werden, wobei dem individuellen Geschmack genügend Spielraum belassen wurde.

Dieses Standardwerk mit mehr als 300 Mustern reiht sich aktuell in das Spektrum der Werktechnikbücher ein, die sich immer größerer Beliebtheit erfreuen.

Otto Maier Verlag Ravensburg

Keine Angst vorm Kochen. Von Anne Bernd. 200 Rezepte für Anfänger (2783)

Bei der Kunst des Kochens kommt es vor allem auf grundlegende Details an. Unkonventionell geht die erfahrene Autorin auf alle jene Einzelheiten ein, die Selberkochen problemlos machen. Die Anmerkungen für die Zusammenstellung der Mahlzeiten nach den Erkenntnissen der modernen Ernährungslehre sind eine wertvolle Ergänzung.

Wildgemüse. Von Hermann Lichtenstern. Wildsalate, Wildfrüchte, Hausteepflanzen, Gewürzpflanzen. Botanik – Standort – Sammelgut – Sammelzeit – Verwendung – Zubereitung. Mit 80 Abbildungen (2944)

Wildgemüse sind schmackhaft und eignen sich für die verschiedensten Zubereitungen. Für die Gesundhaltung des menschlichen Organismus kommt ihnen besondere Bedeutung zu.

Geheimnisse der Backkunst. Von Anna-Maria Schmidt-Schwarzbäck. Auf dem Blech – In der Form – Torten – Pikantes – Desserts – Cremes (2988)

Geschrieben wurde dieses Buch in erster Linie für Anfänger, doch auch erfahrene Köchinnen können hier mit interessanten Rezepten ihr Repertoire erweitern.

WILHELM GOLDMANN VERLAG MÜNCHEN

Italienische Spezialitäten. Eine charmante Einführung in die italienische Küche. Von Maria Horváth. Band 2679.

Maria Horváth ist eine bekannte Kochbuchautorin und begeisterte Italienreisende, die es versteht, dem Leser italienische Tafelfreuden verlockend zu präsentieren. 180 Rezepte aus dem sonnigen Süden, die Sie ausprobieren sollten!

Kochen mit Pfiff. 90 raffinierte Gerichte mit Öl. Von Ursula Regnet und Helene von Lichtenfels. Band 2737.

Zu Unrecht wird in der modernen Küche dem Öl immer noch zu wenig Beachtung geschenkt, obwohl es zu den gesündesten und am besten verträglichen Fetten gehört. Das Buch enthält eine Beschreibung von Herkunft und Gesundheitswert aller im Handel erhältlichen Ölsorten mit Angabe der Bezugsquelle.

Großmutters gute Weihnachtsbäckerei. Backgeheimnisse aus vergangenen Tagen. Von Ursula Regnet und Helene von Lichtenfels. Band 10569.

Eine verlockende Sammlung von über 100 seltenen und altvertrauten Rezepten für weihnachtliches Gebäck besonderer Güte. Die angegebenen Mengenverhältnisse sind alterprobt, die Eigenschaften und Besonderheiten der benötigten Zutaten werden beschrieben. Ebenfalls enthalten sind einige Rezepte für Käsegebäck.

WILHELM GOLDMANN VERLAG MÜNCHEN

33 Kartenspiele und ihre Varianten. Von Claus D. Grupp. Regeln und Beschreibungen (10530)

Unter den 33 Spielen mit ihren Varianten finden sich nicht nur das Glücksspiel Baccara, das Familien- und Gesellschaftsspiel Boston, sondern auch bayerisches Watten, französisches Pikett, klassischer englischer Whist oder Rommé mit seinen vielen Arten.

66 Kartenspiele und ihre Varianten. Von Claus D. Grupp. Regeln und Beschreibungen (2942)

Nach den ›33 Kartenspielen und ihren Varianten‹ des gleichen Autors folgen in diesem Bändchen 66 weitere Kartenspiele, die weniger bekannt sind und Freunden dieser Unterhaltungsart noch viel Neues bieten dürften.

ABC der Partyspiele. Fröhliche Erwachsenenspiele in Haus und Garten. Mit 30 Illustrationen von Christof Sandberger (10535)

Dieses Buch enthält 77 lustige Partyspiele, die dazu geeignet sind, bei einer Haus- oder Garten-Party die richtige Stimmung herbeizuzaubern oder den ›toten Punkt‹ zu überwinden.

WILHELM GOLDMANN VERLAG MÜNCHEN

Goldmann RATGEBER

Schule des Charmes. Von Mary Young. Das gewisse Etwas und wie man es erlangt (1962)

Charme läßt sich lernen! Wünschen auch Sie sich das gewisse Etwas? Mary Young, Leiterin einer Modellschule in England, gibt hier eine Fülle wertvoller Tips für jede Frau.

Gutes Benehmen heute. Von Yvonne Gräfin von Eichen. Ein moderner Familienknigge (2849)

Ein zuverlässiger und zeitgemäßer Ratgeber des guten Tons für jung und alt in allen Situationen des modernen Lebens.

Parfum. Von Effi Horn. Zauber und Geheimnis der schönen Düfte. Mit zahlreichen Abbildungen (2801)

Ein aufschlußreicher und amüsanter Führer. Effi Horn berichtet anschaulich über die Geschichte des Parfums und macht mit der Gewinnung pflanzlicher, tierischer und künstlicher Duftstoffe sowie mit dem Geheimnis ihrer Kompositionen vertraut. Das Buch schließt mit einem kleinen Duftstoff-Abc und einer Parfumtypenlehre.

WILHELM GOLDMANN VERLAG MÜNCHEN

Goldmann RATGEBER

Tausend Tips für Teenager. Band I.

Der Lebensbeginn – Die Liebe – Dein Körper – Du bist ein Staatsbürger. Hrsg. von Barbara Lüdecke. Band 10503.

In diesem Band wird über Kameradschaft, Freundschaft und Liebe in ihren positiven und negativen Auswirkungen gesprochen, ebenso über die biologischen Veränderungen, denen die jungen Mädchen in diesem Alter ausgesetzt sind. Abschließend wird ein wenig Staatsbürgerkunde getrieben, um auf Pflichten und Rechte der Teenager hinzuweisen.

Tausend Tips für Teenager. Band II.

Deine Berufswelt – Das leidige Geld – Dein kleines Reich – Auch du kannst schön sein. Hrsg. von Barbara Lüdecke. Band 10504.

Hier werden vor allem Probleme der Berufswahl besprochen; dazu gehören auch Hinweise auf die verschiedenen Ausbildungsmöglichkeiten und Schultypen. Anschließend erhalten die jungen Mädchen Tips für den besten Umgang mit Geld, für die sinnvollste Ausgestaltung ihres Zimmers und für die Pflege ihres Äußeren.

Tausend Tips für Teenager. Band III.

Hobby und Freizeitgestaltung – Mode – Geselligkeit und Reisen. Hrsg. von Barbara Lüdecke. Band 10505.

Auf all' das, was jungen Mädchen Spaß macht, wird in diesem Band hingewiesen: Auf Hobbys aller Art und Tips für ihre Praxis. Anschließend werden Mode, Partys, gutes Benehmen heute und das zweckmäßige Verhalten auf Reisen besprochen.

WILHELM GOLDMANN VERLAG MÜNCHEN

Goldmann RATGEBER

Gesund und schlank durch Isometrik. Mit 110 Abbildungen von Rudolf Angerer. Von Ilse Buck mit einem Nachwort von Dr. Oswald Schwinger (10592)

Isometrik ist eine neue Methode, seine Spannkraft zu steigern und jugendliche Frische zu bewahren. Ilse Buck zeigt hier anhand von über 100 isometrischen Übungen, wie man fit, schön und schlank bleibt, seine Energie und Leistungsfähigkeit steigert und Müdigkeit entgegenwirkt.

Jung bleiben und jung aussehen. Ein Ratgeber für die Schönheitspflege. Mit 53 Fotos und zahlreichen Abbildungen. Von Jessica Krane (10551)

Jessica Krane, Schönheitsberaterin der berühmtesten Frauen der Welt, verrät in diesem Buch ihr erfolgreiches Schönheitsprogramm. An zahlreichen Beispielen erläutert sie ihre Methode, Falten und Runzeln zu beseitigen: aktives Muskeltraining und bewußte Sensibilisierung des Körpers.

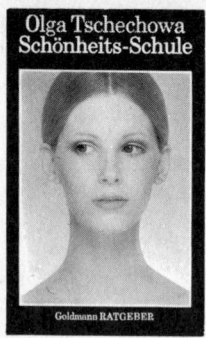

Schönheits-Schule. Tips und Ratschläge zur täglichen Schönheitspflege. Mit zahlreichen Abbildungen. Von Olga Tschechowa (10567)

Die Grande Dame des deutschen Films und zugleich erfahrene Managerin einer Kosmetikfirma kennt die vielfältigen Möglichkeiten und weiß, worauf es ankommt bei einem Schönheits- und Pflegeprogramm. Ihre vielfältigen Ratschläge sind dazu sehr amüsant zu lesen.

WILHELM GOLDMANN VERLAG MÜNCHEN